HIN UND WEG

CLAUDIA SCHILLING

Mit den schönsten Boxen zum Selbermachen

HIN UND WEG

Lunchbox-Rezepte für Picknick und unterwegs

at VERLAG

Für

Emma & Emily

INHALT

VORWORT

In der heimischen Küche ist die gesunde und abwechslungsreiche Ernährung für die ganze Familie leicht umzusetzen – aber wie kommt man auf einer Wanderung zu seinem Lieblingsdessert? Im Büro zum gesunden Lunch? Was soll man knabbern am Strand? Und wie beschert man Kids unterwegs eine Geburtstagsüberraschung? Dieses Buch stellt über hundert erprobte und bewährte Rezepte für den Alltag auf Achse vor. Einfache, aber raffinierte Gerichte, die sich ganz flexibel auch mit dem nachkochen lassen, was eben gerade da ist. Die lecker und gesund sind und sich vor allem gut transportieren lassen.

Das Buch macht Mut, einfach mal selbst etwas auszuprobieren, und weckt die Abenteuerlust. Das »to go« wurde dafür perfektioniert und in allen Varianten durchgespielt. Eine meiner Leidenschaften sind coole Retro-Lunchboxen aus aller Welt, die mit langweiliger Tupperware so gar nichts zu tun haben. Manche habe ich für meine Zwecke abgeändert, andere komplett selbst gemacht und so verschiedenste Möglichkeiten erprobt.

Zu den Rezepten gibt es also auch gleich eine Unmenge an praktischen Tipps, cleveren Ideen und illustrierten Anleitungen zum Selbermachen, um darin Suppen, Salate, Küchlein und Co. einfach – und stilvoll! – mitzunehmen. Damit sind Sie perfekt gerüstet für die nächste Wanderung, für die Reise oder für einen weiteren Montag im Büro.

Viel Spaß damit!
Ihre Claudia Schilling

BOXIKON

Im Picknickkorb hat eine Stärkung für mehrere Personen Platz und das Geschirr gleich dazu. Auch Gewürze, ein Holzbrett und ein Brotmesser lassen sich gut darin verstauen – also eine kleine Küche to go!

In der isolierten Lunchbox bleibt auch warmes Essen und Suppe heiß – und Kaltes wirklich kalt. So kann man die Lunchbox schon am Morgen fixfertig bereit machen und ist nicht auf eine Aufwärmmöglichkeit oder einen Kühlschrank angewiesen. Super für unterwegs!

Jeder denkt sofort an Kaffee oder Tee, aber auch Suppe lässt sich in einer Thermoskanne gut transportieren und unterwegs genießen. Die Thermoskanne hält übrigens nicht nur Warmes schön warm, sondern auch kalte Getränke gut kalt. Und mein Geheimtipp: In einer Thermoskanne, gefüllt mit heißem Wasser, lassen sich Wiener Würstchen super mitnehmen und dann in einer Suppe, im Brötchen oder einfach so genießen. Da Thermoskannen den Geruch annehmen, am besten eine nur für Suppe, Würstchen usw. und eine andere für neutralere Inhalte wie Tee oder Wasser verwenden.

Die Kühltasche ist ein praktisches Must-have für den Alltag. Es lassen sich viele verschiedene Leckereien und Getränke darin transportieren, die so perfekt geschützt sind vor Sonne und Kälte.

Die klassische Lunchbox oder Brotdose mit Griff: super für Kinder! Ich benutze oft kleine Tupperware-Gefäße, die ich in die Box schichte, damit alles an seinem Platz bleibt. Sandwiches und Co. wickle ich in Backpapier. Daneben hat oft auch noch eine kleine Trinkflasche Platz – so ist alles praktisch zusammengepackt und sieht zum Anbeißen schön aus.

Der Transport von Torten ist oft ein bisschen tricky: Hier ist man mit einem sogenannten Torten-Carrier gut bedient. Damit kommen allerlei Gebäck und auch empfindlicher Käsekuchen heil an. Eine solche Transportbox lässt sich auch selber machen: Die Anleitung dazu gibt's auf Seite 303. Picknick-Transportboxen funktionieren übrigens nach dem gleichen Prinzip, haben aber mehrere Stockwerke für die verschiedenen Gerichte.

Vorratsgläser mit Schraubdeckeln eignen sich super, um die verschiedensten Lebensmittel wie Müsli, Joghurt, Salate usw. zu transportieren. In kleineren Gläschen oder Fläschchen können auch Saucen, Dips, Kräuter, Croûtons usw. separat transportiert werden. Manche Einmachgläser (zum Beispiel die des amerikanischen Traditionsunternehmens Ball) gibt es sogar mit einem extra Sauceneinsatz unter dem Deckel. Nach demselben Prinzip funktioniert der Cuppow-Lunchbox-Aufsatz.

TUPPERWARE

Tupperware gibt es in allen Größen, Formen und Farben – es lohnt sich auf jeden Fall, sich davon eine kleinere Sammlung zuzulegen. Das ist zwar nicht die hübscheste Variante, aber manchmal einfach die praktischste. Kleinste Tupperware-Behälter eignen sich sehr gut, um Salatsaucen, Kräuter oder Croûtons zu transportieren.

BROTDOSEN

In rechteckigen Brotdosen, meist aus Metall oder Plastik, lassen sich vor allem Sandwiches, aber auch anderes Gebäck transportieren. Es gibt sie auch in hübschem Design.

TIFFIN-BOXEN

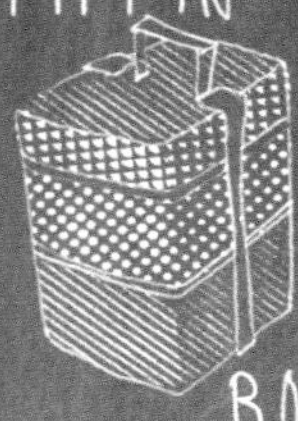

Tiffin-Boxen sind ursprünglich indische Lunchboxen mit mehreren Etagen. Sie eignen sich perfekt, um Gerichte mit verschiedenen Zutaten oder auch Lunch für mehrere Personen mitzunehmen. Auch Fingerfood lässt sich darin gut transportieren. Und sie sehen einfach hübsch aus.

BENTOBOX

Die Bentobox aus Japan bietet mehrere Fächer für verschiedene kleine Speisen. Ideal, um einen Lunch mit mehreren Zutaten zu transportieren. Und Kinder lieben es, eine Auswahl an Essen präsentiert zu bekommen.

Was ich zu Mittag esse, beeinflusst, wie mein Nachmittag wird. Energisch oder faul? Satt, dauerhungrig oder übergessen? Im Lunch soll alles drinstecken, was einen gut über die Runden bringt. Nahrhaft soll er also sein, aber nicht überladen. Genau dafür habe ich mittlerweile eine ganze Sammlung an leckeren Rezepten.

Baked Beans

Für 4 Portionen

1 Zwiebel
4 Knoblauchzehen
Olivenöl zum Dünsten
2 Zweige Rosmarin
1 TL Paprikapulver
1 EL Balsamicoessig
1 Dose gehackte Tomaten (400 g)
Salz, Pfeffer aus der Mühle
2 Dosen Cannellinibohnen (à 290 g)
50 g Tilsiter

Die Zwiebel und die Knoblauchzehen fein hacken und in wenig Öl in einem ofenfesten Topf andünsten. Die Rosmarinnadeln abzupfen und grob hacken. Rosmarin und Paprikapulver beigeben. Alles 10–15 Minuten dünsten, bis die Zwiebelwürfel weich sind. Mit dem Balsamico ablöschen. Die Tomaten untermischen, alles mit Salz und Pfeffer abschmecken und 5 Minuten köcheln lassen.

Den Backofen auf 170 Grad vorheizen. Die Bohnen abspülen, abtropfen lassen, beigeben und gut untermischen. Den Topf mit einem feuchten Backpapier bedecken. Die Bohnen im vorgeheizten Ofen auf der mittleren Schiene 45–50 Minuten backen. Den Käse fein reiben und die Baked Beans damit bestreuen.

Den Käse separat mitnehmen und erst beim Servieren darüberstreuen.

Zu den Gnocchi
passt hervorragend
ein Gemüsesugo
(siehe Seite 26).

Simpel, einfach, frisch, homemade – lecker!

Gnocchi mit Salbei

Für 4 Portionen

750 g mehligkochende Kartoffeln
1 Ei
ca. 200 g Mehl
Salz
10 Salbeiblätter
80 g Butter
Parmesan, gerieben, zum Garnieren

Die Kartoffeln in der Schale weich kochen, abgießen, schälen und durchpassieren oder durch die Presse drücken. Das Ei daruntermischen. So viel Mehl unterkneten, bis der Teig nicht mehr an den Händen klebt. Die Masse mit 1 Teelöffel Salz abschmecken.

Aus dem Teig fingerdicke Rollen formen. Die Rollen in 2 cm lange Stücke schneiden und diese auf ein bemehltes Tuch legen. In einem ausreichend großen Topf Salzwasser aufkochen. Die Gnocchi darin portionsweise 3–5 Minuten ziehen lassen, bis sie an die Oberfläche steigen. Mit einer Schaumkelle abschöpfen und in eine vorgewärmte Schüssel geben.

Den Salbei grob zerzupfen. Die Butter mit dem Salbei in einer Bratpfanne leicht braun werden lassen. Die Gnocchi in der Butter schwenken und mit geriebenem Parmesan bestreuen.

Vegetarisches Curry

Für 4 Portionen

1 Zwiebel
1 Knoblauchzehe
450 g Karotten
450 g festkochende Kartoffeln
3 Frühlingszwiebeln
1 Dose Kichererbsen (480 g)
200 g grüne Bohnen
4 EL Olivenöl
3 EL mildes Currypulver
½ EL Mehl
400 ml Gemüsebouillon
300 ml Kokosmilch
Salz, Pfeffer aus der Mühle
1 EL Pfefferminze, fein geschnitten
1 unbehandelte Zitrone, abgeriebene Schale
250 g Hüttenkäse

Die Zwiebel und die Knoblauchzehe fein hacken. Die Karotten schräg in ½ cm dicke Scheiben schneiden. Die Kartoffeln schälen und in Würfel schneiden. Die Frühlingszwiebeln mit dem Grün in 3–4 cm lange Stücke schneiden. Die Kichererbsen kalt abspülen und gut abtropfen lassen. Die Bohnen halbieren.

Das Öl in einem Topf erhitzen, Zwiebel und Knoblauch darin glasig dünsten. Curry und Mehl beigeben, kurz mitdünsten. Mit der Gemüsebouillon ablöschen. Kokosmilch, Karotten und Kartoffeln hinzufügen und alles zugedeckt etwa 20 Minuten bei mittlerer Hitze kochen lassen. Bohnen, Frühlingszwiebeln und Kichererbsen beigeben und 5 Minuten mitköcheln lassen. Mit Salz und Pfeffer abschmecken.

Pfefferminze und Zitronenschale unter den Hüttenkäse mischen. Das Curry mit dem Hüttenkäse garnieren.

Fawaffeln

Für 10–12 kleine Waffeln

300 g Kichererbsen aus der Dose
3 EL tiefgefrorene grüne Erbsen
60 g grüne Pistazienkerne
½ Zitrone, abgeriebene Schale
1 EL Olivenöl
1 Zwiebel
2 Knoblauchzehen
½ Bund Minze
1 Bund glatte Petersilie
1 TL gemahlener Kreuzkümmel
Salz, Pfeffer aus der Mühle
2 Eier
3 EL Kichererbsenmehl

Die Kichererbsen abgießen und kalt abspülen. Die gefrorenen Erbsen mit heißem Wasser übergießen, abtropfen lassen. Kichererbsen, Erbsen und Pistazien mit Zitronensaft und Olivenöl in den Mixer oder Blitzhacker geben und fein pürieren.

Zwiebel und Knoblauchzehen fein, Minze und Petersilie grob hacken und alles unter die Erbsen-Pistazien-Mischung rühren. Mit Kreuzkümmel, Salz und Pfeffer abschmecken. Die Eier und das Kichererbsenmehl dazugeben und alles zu einem Waffelteig verrühren. Etwa 10 Minuten quellen lassen.

Je 1 Esslöffel Teig in die Vertiefungen des Waffeleisens geben und 3–5 Minuten ausbacken. So fortfahren, bis der Teig aufgebraucht ist. Die Waffeln etwas abkühlen lassen.

Kräuter-Quark-Dip

Ergibt 250 g

1 Frühlingszwiebel
½ Bund Petersilie
1 Knoblauchzehe
1 TL Zitronensaft
200 g Quark
Salz, Pfeffer aus der Mühle

Die Frühlingszwiebel samt Grün in feine Ringe schneiden. Die Petersilie grob hacken. Den Knoblauch pressen. Sämtliche Zutaten zum Quark geben und gut daruntermischen. Mit Salz und Pfeffer abschmecken.

In meiner Kindheit hatten wir einen Schrebergarten, der uns den ganzen Sommer lang mit massenhaft Zucchini versorgte. Also gab es (fast) jeden Tag Ratatouille – jedenfalls gefühlt! Trotzdem liebe ich Ratatouille auch heute noch. Ein echtes Sommergericht!

Ratatouille

Für 6 Portionen

1 Zwiebel
2 Knoblauchzehen
2 Auberginen
6 Zucchini
1 rote Paprikaschote
500 g festkochende Kartoffeln
½ Bund Basilikum
Olivenöl zum Andünsten
1 Dose gehackte Tomaten (400 g)
Salz, Pfeffer aus der Mühle
1 Bund glatte Petersilie

Die Zwiebel und die Knoblauchzehen fein hacken. Auberginen, Zucchini, Paprika und Kartoffeln in Würfel schneiden. Das Basilikum grob hacken. Olivenöl in einer hohen Bratpfanne erhitzen, Zwiebel und Knoblauch darin andünsten, das gewürfelte Gemüse beigeben und mitdünsten. Dann Tomaten und Basilikum hinzufügen. Mit Salz und Pfeffer abschmecken. Das Ratatouille bei kleiner Hitze etwa 45 Minuten köcheln lassen. Die Petersilie grob hacken und darunter-mischen.

Ratatouille lässt sich sehr gut einfrieren – und weil es eigentlich ein Eintopf ist, schmeckt es aufgewärmt sogar noch besser als am ersten Tag.

LUNCHBEUTEL

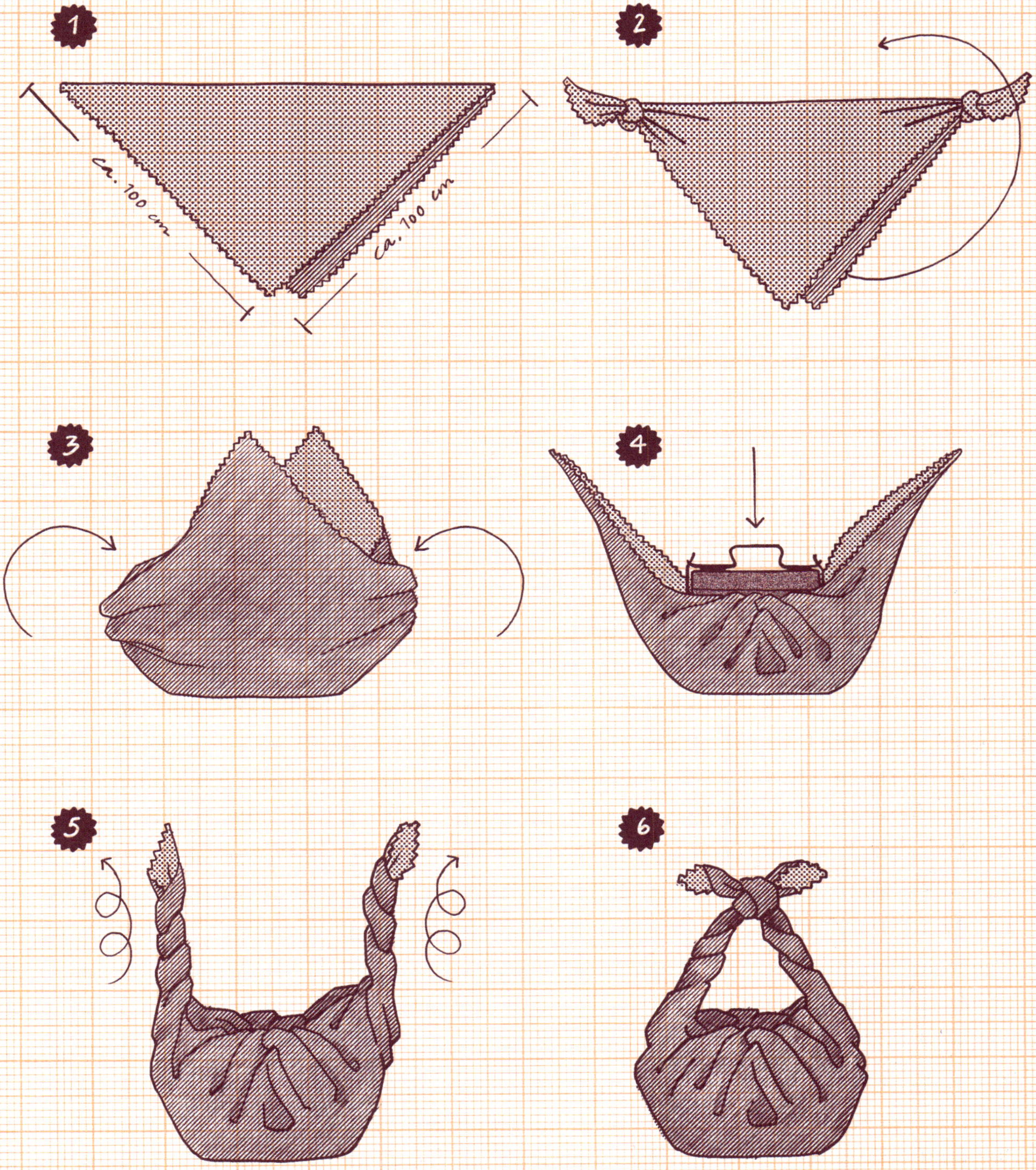
1
ca. 100 cm
ca. 100 cm
2
3
4
5
6

Für 4 Portionen

1 große Zwiebel
2 Knoblauchzehen
2 EL Olivenöl
3 EL Tomatenpüree
400 g Cherrytomaten
300 g braune oder grüne Linsen
1 TL Currypulver
800 ml Gemüsebouillon
Salz, Pfeffer aus der Mühle
1 Bund Petersilie
4 EL Naturjoghurt

Die Zwiebel und die Knoblauchzehen hacken. Das Öl in einem Topf erhitzen, Zwiebel und Knoblauch darin glasig dünsten. Das Tomatenpüree beigeben und untermischen. Die Cherrytomaten halbieren und hinzufügen. Linsen, Currypulver und Bouillon daruntermischen und alles 20–25 Minuten kochen lassen. Mit Salz und Pfeffer abschmecken.

Die Petersilie grob hacken und über das Gericht streuen. Die Linsen mit je 1 Esslöffel Joghurt darauf anrichten.

Dieser Linseneintopf wärmt herrlich von innen und ist der perfekte Begleiter für einen abenteuerlichen Herbsttag.

Linseneintopf

Den Joghurt am besten in einem separaten Behälter mitnehmen und erst beim Essen daraufgeben.

Dieser Sugo kommt immer gut an, bei Groß und Klein. Und weil er sich gut vorbereiten lässt, zaubert man aus dem Vorrat im Nullkommanichts einen tollen Lunch.

Pasta mit Gemüse-Sugo

Für 3 ½–4 Liter

2 Lauchstangen
½ Sellerieknolle
6 Karotten
3 Zucchini
1 Zwiebel
2 Knoblauchzehen
4 EL Olivenöl
2 TL getrocknete Kräuter (Oregano, Thymian)
5 Dosen geschälte Tomaten (à 400 g), gehackt
2 TL Salz
Pfeffer aus der Mühle

Das Gemüse in kleine Stücke schneiden. Die Zwiebel und die Knoblauchzehen fein hacken. Das Öl in einem großen Topf erhitzen. Zwiebel, Knoblauch und Kräuter darin kurz andünsten. Das Gemüse dazugeben und 5 Minuten mitdünsten. Die Tomaten nach und nach hinzufügen. 2 Dosen Wasser beigeben und die Sauce etwa 30 Minuten leicht köcheln lassen. Mit Salz und Pfeffer abschmecken.

Vorratsgläser heiß ausspülen und gut abtropfen lassen. Die Sauce pürieren und noch heiß in die Gläser füllen. Gut verschließen.

Pesto geht immer, für fast alle und alles, und das ganz einfach.
Da ist »homemade« Pflicht und schmeckt dazu noch viel besser!

BASILIKUMPESTO

Für 4 Portionen

2 Knoblauchzehen
120 g Basilikum
1 unbehandelte Zitrone
3 EL Pinienkerne
60 g Parmesan, frisch gerieben
100–150 ml Olivenöl
Salz, Pfeffer aus der Mühle

Die Knoblauchzehen fein hacken. Die Basilikumblätter abzupfen. Die Zitronenschale fein abreiben. Knoblauch, Basilikum, Zitronenschale, Pinienkerne und Parmesan zusammen mit der Hälfte des Olivenöls im Mixer oder Blitzhacker gründlich pürieren.

Das restliche Olivenöl hinzufügen. Mit Salz und Pfeffer abschmecken. Das Pesto in ein Vorratsglas füllen und mit wenig Olivenöl bedecken. Im Kühlschrank aufbewahren.

RUCOLAPESTO

Für 4 Portionen

2 Knoblauchzehen
1 unbehandelte Zitrone
120 g Rucola
3 EL Pinienkerne
60 g Pecorino, frisch gerieben
100–150 ml Olivenöl
Salz, Pfeffer aus der Mühle

Die Knoblauchzehen fein hacken. Die Zitronenschale fein abreiben. Knoblauch, Zitronenschale, Rucola, Pinienkerne und Pecorino zusammen mit der Hälfte des Olivenöls im Mixer oder Blitzhacker gründlich pürieren.

Das restliche Olivenöl hinzufügen. Mit Salz und Pfeffer abschmecken. Das Pesto in ein Vorratsglas füllen und mit wenig Olivenöl bedecken. Im Kühlschrank aufbewahren.

TOMATENPESTO

Für 4 Portionen

2 Knoblauchzehen
120 g getrocknete, in Öl eingelegte Tomaten
3 EL Pinienkerne
60 g Pecorino, frisch gerieben
100–150 ml Olivenöl
Salz, Pfeffer aus der Mühle

Die Knoblauchzehen fein hacken und mit Tomaten, Pinienkernen, Pecorino und der Hälfte des Olivenöls im Mixer oder Blitzhacker gründlich pürieren.

Das restliche Olivenöl hinzufügen. Mit Salz und Pfeffer abschmecken. Das Pesto in ein Vorratsglas füllen und mit wenig Olivenöl bedecken. Im Kühlschrank aufbewahren.

Pesto

In Eiswürfelbehältern lässt sich Pesto portionsweise einfrieren …

… und dann nach Bedarf in kleinen Portionen auftauen.

Ein Klassiker, der Feuer in den Körper bringt und an kalten Wintertagen schön wärmt.

Chili con carne

Für 4 Portionen

- 1 Zwiebel
- 2 rote Chilischoten
- 4 EL Olivenöl
- 2 EL Zitronensaft
- 500 g gemischtes Hackfleisch
- 1 TL Paprikapulver
- Cayennepfeffer
- 2 Knoblauchzehen
- 4 EL Tomatenpüree
- 3 Dosen geschälte, gehackte Tomaten (à 400 g)
- 250 ml Gemüsebouillon
- 2 Dosen Kidneybohnen (à 250 g)
- 2 Maiskolben
- Salz, Pfeffer aus der Mühle
- 4 EL saurer Halbrahm (saure Sahne extra)

Die Zwiebel fein hacken. Die Chilischoten längs halbieren, entkernen und in feine Streifen schneiden. Das Öl in einem großen Topf erhitzen und das Hackfleisch darin portionsweise anbraten. Das Paprikapulver und ½ Teelöffel Cayennepfeffer beigeben. Die Knoblauchzehen dazupressen, Zwiebel und Chilis beifügen und unter Rühren kurz andünsten. Das Tomatenpüree hinzufügen und ebenfalls kurz mitdünsten. Dann die Tomaten beigeben und aufkochen. Die Hälfte der Bouillon dazugießen und alles rund 20 Minuten köcheln lassen.

Die Bohnen kalt abspülen und abtropfen lassen. Die Maiskörner mit einem Messer vom Kolben schneiden, beides unter das Chili rühren, die restliche Bouillon dazugießen und 5 Minuten weiterköcheln.

Das Chili mit Salz, Pfeffer und Cayennepfeffer abschmecken. Mit saurem Halbrahm garnieren.

TASCHE MIT FLASCHENFACH

Quinoaküchlein mit Blumenkohl, Spinat und Feta

Für 12 Stück

100 g weißes Quinoa
200 ml Gemüsebouillon
200 g Blumenkohl
100 g Blattspinat
1 Frühlingszwiebel
200 g Feta
3 EL Panko-Paniermehl
3 Eier
Pfeffer aus der Mühle
Olivenöl zum Braten

Für den Salat

4 EL Olivenöl
3 EL weißer Balsamicoessig
1 EL grobkörniger Senf
1 TL Sesamsamen
Salz, Pfeffer aus der Mühle
240 g junger Salat

Das Quinoa mit der Bouillon in einem Topf aufkochen, 15 Minuten leicht köcheln, dann abkühlen lassen. Den rohen Blumenkohl im Mixer oder Blitzhacker körnig pürieren. Den Spinat grob hacken, die Frühlingszwiebel in Ringe schneiden. Den Feta mit einer Gabel zerdrücken.

Blumenkohl, Spinat, Frühlingszwiebel, Feta, Panko, Eier und Quinoa gut mischen, mit Pfeffer abschmecken. 30 Minuten kühl stellen. Aus der Masse Küchlein von 6–7 cm Durchmesser formen. Öl in einer beschichteten Bratpfanne erhitzen und die Küchlein darin beidseitig 3–4 Minuten goldbraun braten.

Für die Salatsauce Olivenöl, Essig, Senf und Sesam gut verrühren, mit Salz und Pfeffer abschmecken. Den Salat mit der Salatsauce mischen.

Die Küchlein lassen sich gut einfrieren.

All
you
need
is
lunch

Meatballs in Tomatensauce

Für 4 Portionen

1 Zwiebel
2 EL Olivenöl
3 Knoblauchzehen
2 Dosen gehackte, geschälte Tomaten (à 400 g)
2 Zweige Rosmarin oder 1 Kräuterwürfel (siehe Seite 29)
Salz, Pfeffer aus der Mühle
100 g Grissini
500 g gemischtes Hackfleisch
100 g Parmesan, gerieben
1 EL Pinienkerne
1 Ei
3 Zweige Basilikum

Die Zwiebel hacken. 1 Esslöffel Öl in einem Topf erhitzen und die Zwiebel darin andünsten. 1 Knoblauchzehe dazupressen. Die Tomaten, 200 ml Wasser und den Rosmarin oder den Kräuterwürfel dazugeben. Die Sauce etwa 15 Minuten kochen lassen. Mit Salz und Pfeffer abschmecken.

Die Grissini in einem Plastikbeutel mit dem Nudelholz grob zerstoßen. Die restlichen 2 Knoblauchzehen hacken. Grissini, Hackfleisch, Parmesan, Pinienkerne, Knoblauch und Ei in eine Schüssel geben. Das Basilikum grob hacken, dazugeben und alles gut vermischen. Mit 1 Teelöffel Salz abschmecken.

1 Esslöffel Öl in einer Bratpfanne erhitzen. Aus der Fleischmasse mit einem Eisportionierer Hackbällchen formen und diese im erhitzten Öl rundum kurz anbraten. Die Hackbällchen in die Tomatensauce geben und etwa 15 Minuten köcheln lassen. Nach Belieben mit gehackten Kräutern garnieren.

Meine ersten Meatballs habe ich in New York City gegessen. Seither gehören sie zu meinen absoluten Lieblingsessen

Anstelle von Basilikum passt auch Petersilie.

Kofta-Spießchen

Für 4–6 Stück

600 g Hackfleisch (Lamm oder Rind)
1 große Zwiebel
1 Knoblauchzehe
1 Bund Petersilie
1 unbehandelte Zitrone
1 Ei
4 EL Paniermehl
2 TL gemahlener Kreuzkümmel
1 TL Chilipulver
½ TL Salz
Pfeffer aus der Mühle
Öl zum Braten

4–6 Holzspieße 1 Stunde in kaltem Wasser einweichen.

Das Hackfleisch in eine Schüssel geben. Die Zwiebel an einer Gemüsereibe fein dazureiben, die Knoblauchzehe dazupressen. Die Petersilie fein hacken und beigeben. Die Zitronenschale fein dazureiben.
Erst das Ei mit dem Paniermehl, dann Kreuzkümmel, Chilipulver und ½ Teelöffel Salz beigeben. Mit Pfeffer abschmecken. Alles mit den Händen gut mischen. Eine Handvoll Hackfleischmasse zu einer Kugel und diese anschließend zu einem Oval formen. Leicht flach drücken. Den Holzspieß in der Mitte platzieren und die Hackfleischmasse rund um den Spieß festdrücken. Die restlichen Spieße ebenso formen und 30 Minuten kühl stellen.

In einer Bratpfanne Öl erhitzen. Die Hitze reduzieren und die Spießchen etwa 10 Minuten von allen Seiten braten.

Bulgur mit Minze und Petersilie

Für 4 Portionen

1 Zwiebel
1 Knoblauchzehe
3 EL Olivenöl
200 g Bulgur
400 ml Gemüsebouillon
4 Tomaten
1 Bund Petersilie
½ Bund Minze
1 unbehandelte Zitrone
½ TL gemahlener Kreuzkümmel
Meersalz, Pfeffer aus der Mühle

Für die Sauce

200 g Tahini (Sesampaste)
150 g griechischer Joghurt
1 Knoblauchzehe
1 EL Olivenöl
2 TL Limettensaft
½ TL gemahlener Koriander
Salz

Zwiebel und Knoblauchzehe fein hacken. In einem Topf 1 Esslöffel Olivenöl erhitzen, Zwiebel und Knoblauch darin glasig dünsten. Erst den Bulgur, dann die Bouillon dazugeben, aufkochen, den Topf vom Herd nehmen und den Bulgur zugedeckt etwa 10 Minuten quellen lassen.
Die Tomaten halbieren, entkernen und in kleine Würfel schneiden. Petersilie und Minze grob hacken. Die Zitronenschale fein abreiben, den Saft auspressen.

Den Bulgur mit einer Gabel auflockern. Tomaten, Kräuter, Zitronenschale und -saft, Kreuzkümmel und 2 Esslöffel Öl beigeben, gut mischen. Mit Salz und Pfeffer abschmecken. Den Bulgur 1 Stunde ziehen lassen.

Für die Sauce die Tahinipaste mit dem Joghurt gründlich verrühren. Den Knoblauch dazupressen. Olivenöl, Limettensaft und Koriander daruntermischen. Mit Salz abschmecken. Die Sauce zum Bulgur servieren.

Sushi mit Quinoa und Avocado

Für 16 Stück

150 g Quinoa
1 EL Olivenöl
Salz
1 Karotte
1 Avocado
1 EL Zitronensaft
2 Noriblätter
4 EL Hüttenkäse
Pfeffer aus der Mühle

Das Quinoa gründlich abspülen. 450 ml Wasser aufkochen. Das Quinoa hineingeben und zugedeckt 12 Minuten köcheln lassen. Den Topf vom Herd nehmen und das Quinoa 10 Minuten quellen lassen. Das Olivenöl daruntermischen, mit Salz abschmecken.

Die Karotte in dünne Stifte schneiden. Die Avocado halbieren, den Kern entfernen, das Fruchtfleisch herauslösen, in Scheiben schneiden und mit dem Zitronensaft beträufeln.

Ein Noriblatt auf eine Sushimatte legen. Die Hälfte des Quinoas darauf verteilen und je die Hälfte an Avocadoscheiben, Karottenstäbchen und Hüttenkäse mittig darauf verteilen. Mit Salz und Pfeffer würzen. Das Noriblatt mithilfe der Sushimatte aufrollen. In Klarsichtfolie eingepackt 30 Minuten kühl stellen. Die zweite Rolle ebenso formen. Die Rollen in je acht Sushi schneiden.

Dieses Rezept ist komplett glutenfrei.

Man kann anstelle des
Hühnerfleisches auch Tofu oder
Crevetten beigeben.

Ein tolles Rezept zur Verwertung von Reisresten.

Fried Rice

Für 2 Portionen

- **2 Knoblauchzehen**
- **½ Zwiebel**
- **1 Karotte**
- **2 Frühlingszwiebeln**
- **1 Hühnerbrust, blanchiert bzw. gegart**
- **1 EL Erdnussöl**
- **200 g Trockenreis, gekocht**
- **2 Eier**
- **1 Prise Zucker**
- **1 EL Sojasauce light**
- **1 TL Fischsauce**
- **100 g Sojasprossen**
- **50 g tiefgekühlte Erbsen, aufgetaut**
- **1 Limette, Saft**
- **2 EL sweet & sour Chilisauce**

Die Knoblauchzehen hacken. Die Zwiebel in Streifen, die Karotte mit einem Sparschäler in dünne Streifen, die Frühlingszwiebeln in Ringe schneiden. Die Hühnerbrust mit zwei Gabeln zerzupfen.

Das Öl in einer Bratpfanne oder im Wok erhitzen, Zwiebel und Knoblauch darin kurz anbraten. Das Hühnerfleisch beigeben und kurz anbraten. Dann den Reis hinzufügen und 1–2 Minuten rührbraten. Den Reis auf eine Seite schieben. Die Eier in Pfanne oder Wok geben, etwas verquirlen und anschließend mit dem Reis mischen. Zucker, Soja- und Fischsauce hinzufügen. Frühlingszwiebeln, Karotte, Sojasprossen und die aufgetauten Erbsen dazugeben und weiter rührbraten.

Den Fried Rice anrichten, mit etwas Limettensaft beträufeln und mit sweet & sour Chilisauce servieren.

Von allen Sandwiches ist mein Favorit das Freestyle-Sandwich: Kühlschrank auf und los! Ein Sandwich lässt sich eigentlich aus fast allem zusammenstellen, was man gerade da hat. Absolut flexibel, variantenreich, easy mitzunehmen und dazu noch gesund. Ja, echt! Mit gutem Brot und frischen Zutaten werden Sandwiches zum ausgewogenen Lieblingslunch für alle. Dafür sollen die leckeren Kombinationen in diesem Kapitel nur ein Anstoß sein. Fehlt etwas im Kühlschrank, ersetzt man es durch etwas anderes. Einfach Lust, Laune und Vorratsschrank folgen, und es kommt gut!

Baguette mit Thunfisch und Karotten

Für 2 Stück

- 3 EL Mayonnaise
- 3 EL Quark
- 1 unbehandelte Zitrone
- 1 Dose Thunfisch (ca. 150 g)
- 2 Karotten
- 1 Baguette (Rezept Seite 78)
- Butter zum Bestreichen
- 4 Blätter Kopfsalat
- Salz, Pfeffer aus der Mühle
- schwarze Sesamsamen zum Bestreuen

Mayonnaise und Quark mischen. Die Zitronenschale fein dazureiben und untermischen. Den Thunfisch mit einer Gabel zerzupfen und unter den Mayonnaise-Quark mischen.

Die Karotten grob reiben. Die Zitrone auspressen und 1 Esslöffel Saft unter die Karotten mischen.

Das Baguette quer halbieren, dann längs tief ein-, aber nicht ganz durchschneiden. Die Schnittflächen mit Butter bestreichen, mit Salat, Karotten und Thunfisch belegen. Mit Salz und Pfeffer würzen, mit Sesam bestreuen und zusammenklappen.

Dieses Sandwich ist superschnell zubereitet: Das Pesto hat man im Vorrat, und die anderen Zutaten im Handumdrehen bereit. Praktisch bei einer plötzlichen Hungerattacke!

Baguette mit Brie und Rucola

Für 2 Stück

- **2 EL Kürbiskerne**
- **1 Baguette (Rezept Seite 78) oder anderes Brot**
- **3 EL Pesto (Rezept Seite 28)**
- **120 g Brie**
- **60 g Rucola**
- **Pfeffer aus der Mühle**

Die Kürbiskerne in einer Bratpfanne ohne Fett rösten. Das Baguette quer halbieren, dann längs tief ein-, aber nicht ganz durchschneiden. Die Schnittflächen mit dem Pesto bestreichen. Den Brie in Scheiben schneiden und das Sandwich mit Brie und Rucola belegen. Mit Pfeffer würzen, mit den Kürbiskernen bestreuen und zusammenklappen.

Baguettes lassen sich sehr gut auf Vorrat backen und einfrieren.

Naan ist ein luftiges indisches Fladenbrot und ganz einfach herzustellen. Fladenbrot lässt sich zudem toll stapeln und braucht so wenig Platz in der Gefriertruhe.
Ich liebe Ziegenkäse, daher ist dies meine bevorzugte Variante. Wer ihn weniger mag, ersetzt ihn einfach durch anderen Käse, zum Beispiel Kräuterfrischkäse.

Naan mit Ziegenfrischkäse

Für 2 Stück

- 12 getrocknete, in Öl eingelegte Tomaten
- 3 EL entsteinte grüne Oliven
- 1 TL getrockneter Oregano
- 200 g Ziegenfrischkäse
- Salz, Pfeffer aus der Mühle
- 2 Naanbrote (Rezept Seite 79)
- 3 EL Olivenpaste
- wenig Olivenöl

Die Tomaten und die Oliven klein schneiden und zusammen mit dem Oregano unter den Ziegenfrischkäse mischen. Mit Salz und Pfeffer abschmecken.

Die Naanbrote längs halbieren. Die Böden mit der Olivenpaste bestreichen und die Ziegenkäsemischung darauf verteilen. Die Deckel mit wenig Olivenöl beträufeln und auf die belegten Böden setzen.

❄ Naanbrote kann man nach dem Backen gut tiefkühlen und hat so immer welche griffbereit.

Toast-Sandwich mit Eiermayo

Für 2 Stück

1 Ei
1 TL Senf
1 TL Zitronensaft
100 ml Sonnenblumenöl
Salz, Pfeffer aus der Mühle
3 Eier, hart gekocht
½ Bund Schnittlauch
4 Blätter Eisbergsalat
4 Scheiben Toastbrot (z. B. Vollkorn-)
Butter zum Bestreichen

Das Ei trennen. Das Eigelb mit Senf und Zitronensaft mischen. Das Öl in dünnem Strahl langsam unter ständigem Rühren beigeben und so lange rühren, bis eine dickliche Mayonnaise entstanden ist. Mit Salz und Pfeffer abschmecken. Das Eiweiß steif schlagen und sorgfältig unter die Mayonnaise ziehen. Die Mayonnaise kühl stellen. Die hart gekochten Eier fein hacken, den Schnittlauch fein schneiden und beides unter die Mayonnaise mischen. Die Salatblätter in Streifen schneiden.

2 Toastbrote mit Butter bestreichen. Mit den Salatstreifen belegen. Den Eiersalat darauf verteilen und mit den restlichen Toastbrotscheiben bedecken. Etwa 30 Minuten kühl stellen. Die Toasts quer halbieren.

Toast-Sandwich mit Thunfisch

Für 2 Stück

½ Dose Thunfisch (à 250 g) | 3–4 Zweige Basilikum | 1 kleine Handvoll Rucola | 1 EL Kapern | 125 g Ricotta | 1 unbehandelte Zitrone | 1 EL Olivenöl | Salz, Pfeffer aus der Mühle | 4 Scheiben Toastbrot (z. B. Vollkorn-) | Butter zum Bestreichen | 4 Blätter Kopfsalat

Den Thunfisch mit einer Gabel grob zerzupfen. Basilikum, Rucola und Kapern grob hacken und zum Thunfisch geben. Den Ricotta beigeben. Die Zitronenschale fein abreiben, den Saft auspressen. Schale, 1 Esslöffel Saft und das Olivenöl zu der Thunfischpaste geben und alles gründlich vermischen. Mit Salz und Pfeffer abschmecken.

2 Toasts mit Butter bestreichen. Mit je einem Salatblatt belegen. Die Thunfischpaste darauf verteilen. Mit den restlichen Toastbrotscheiben bedecken. Etwa 30 Minuten kühl stellen. Die Toasts quer halbieren.

CUCUMBER + STRAWBERRIES
GIN & TONIC
HENDRICKS + CUCUMBER + LEMON +
FEVER TREE TONICWATER
LILLE
65,-
95,-
BELLEVUE

LIFE IS
like a
SANDWICH

Gutes muss man nicht ändern, und diese tolle Kombination ist längst ein Klassiker. Das A und O bei diesem wie bei allen Sandwiches: hochwertige Zutaten! Frisches Gemüse, feiner Schinken und ein gutes Olivenöl machen den großen Unterschied, damit es wirklich so richtig italienisch schmeckt.

Ciabatta mit Zucchini und Rohschinken

Für 2 Stück

- 1 kleine Zucchini
- 1 EL Olivenöl
- 2 Zweige Basilikum
- 60 g Pecorino
- 2 Ciabattabrote (Rezept Seite 79)
- 3 EL Pesto (Rezept Seite 28)
- 100 g Rohschinken in Scheiben
- Salz, Pfeffer aus der Mühle

Die Zucchini in 3 mm dünne Scheiben hobeln. Das Olivenöl in einer Bratpfanne erhitzen und die Zucchinischeiben darin auf beiden Seiten etwa 3 Minuten anbraten, dann auf Küchenpapier auskühlen lassen. Das Basilikum fein schneiden. Den Pecorino in feine Scheiben hobeln.

Die Ciabattabrote längs halbieren, Boden und Deckel mit Pesto bestreichen. Die Ciabattaböden mit Schinken, Zucchinischeiben und gehobeltem Pecorino belegen. Das Basilikum darauf verteilen. Mit Salz und Pfeffer würzen. Die belegten Böden mit den Ciabattadeckeln bedecken.

Ciabatta mit Salami und Artischocken

Für 2 Stück

- 6 Artischockenherzen in Öl
- 60 g Parmesan
- 2 Ciabattabrote (Rezept Seite 79)
- 3 EL Tomatenpesto (Rezept Seite 28)
- 100 g Salami in Scheiben
- 60 g Rucola
- Salz, Pfeffer aus der Mühle

Die Artischockenherzen abtropfen lassen und halbieren. Den Parmesan in feine Scheiben hobeln. Die Ciabattabrote längs halbieren, Boden und Deckel mit Pesto bestreichen. Die Ciabattaböden mit Salami, Artischocken, Rucola und dem gehobelten Parmesan belegen. Mit Salz und Pfeffer würzen. Die belegten Böden mit den Ciabattadeckeln bedecken.

Die Kombination von Artischocken und Parmesan
schmeckt auch alleine superlecker. Salami
weglassen, etwas mehr Käse dazu – so einfach
wird es zum Vegi-Sandwich!

Eine Piadina ist Italien pur. Als Kind aß ich sie am liebsten einfach so, heute liebe ich sie als Sandwichbrot.

Wenn man dem Teig Kräuter beigibt, wird die Piadina geschmacklich intensiver.

Piadina mit Hummus, Avocado und Feta

Für 2 Stück

2 Piadine (Rezept Seite 80)
200 g Hummus (Rezept Seite 144)
1 Avocado
100 g Feta
1 unbehandelte Zitrone
Salz, Pfeffer aus der Mühle
wenig Olivenöl

Die Piadine mit dem Hummus bestreichen. Die Avocado halbieren, den Kern entfernen, das Fruchtfleisch mit einem Löffel herauslösen und in Scheiben schneiden. Die Piadine auf einer Hälfte mit den Avocadoscheiben belegen. Den Feta mit einer Gabel fein zerdrücken und auf den Avocados verteilen. Die Zitronenschale fein darüberreiben. Mit Salz und Pfeffer würzen. Wenig Olivenöl darüberträufeln und die Piadine zuklappen.

1

2

3

4

5

6

Wrap mit Lachs und Spinat

Für 2 Stück

- 200 g geräucherter Lachs
- 1 EL Pinienkerne
- 100 g saurer Halbrahm (saure Sahne extra)
- 2 Weizentortillas (Rezept Seite 80)
- 1 unbehandelte Zitrone
- 1 Handvoll junger Spinat
- Salz, Pfeffer aus der Mühle

Den Lachs zerzupfen. Die Pinienkerne in einer Bratpfanne ohne Fett rösten. Den sauren Halbrahm auf den Tortillas verstreichen und den Lachs darauf verteilen. Die Zitronenschale fein abreiben. Spinat, Zitronenschale und Pinienkerne über den Lachs streuen. Mit Salz und Pfeffer würzen. Die Tortillas einrollen und in der Bratpfanne rundum anbraten. Dann in Backpapier einrollen und kühl stellen (so lassen sich die Wraps besser schneiden). Die Wraps quer halbieren.

Wrap mit Quark und Sprossen

Für 2 Stück

½ Bund Schnittlauch
½ Bund Petersilie
1 Frühlingszwiebel
125 g Magerquark
Salz, Pfeffer aus der Mühle
1 Avocado
1 EL Zitronensaft
1 Tomate
60 g Rucolasprossen
2 Weizentortillas (Rezept Seite 80)

Schnittlauch, Petersilie und Frühlingszwiebel fein hacken. Die Kräuter unter den Quark mischen, mit Salz und Pfeffer abschmecken.

Die Avocado halbieren, den Kern entfernen, das Fruchtfleisch mit einem Löffel herauslösen, mit dem Zitronensaft beträufeln und mit einer Gabel grob zerdrücken. Mit Salz und Pfeffer abschmecken. Die Tomate halbieren, entkernen und in kleine Würfel schneiden. Quark, Avocado, Tomatenwürfel und Rucolasprossen auf den Tortillas verteilen. Die Tortillas einrollen und in einer Bratpfanne rundum anbraten. Dann in Backpapier einrollen und kühl stellen.

Die Wraps quer halbieren.

Wrap mit Crevetten und Meerrettich

Für 2 Stück

200 g Crevetten, geschält, gekocht
100 g Frischkäse
1 EL Meerrettichpaste
2 Weizentortillas (Rezept Seite 80)
1 unbehandelte Zitrone
1 Handvoll Kresse
Salz, Pfeffer aus der Mühle

Die Crevetten grob zerkleinern. Den Frischkäse mit der Meerrettichpaste mischen und auf den Tortillas verstreichen. Die Crevetten darauf verteilen. Mit Salz und Pfeffer würzen. Die Zitronenschale fein darüberreiben, mit der Kresse bestreuen. Die Tortillas einrollen und in einer Bratpfanne rundum kurz anbraten, dann in Backpapier einrollen und kühl stellen.

Die Wraps quer halbieren.

In Backpapier einpacken und an beiden Enden mit Hanfschnur zuschnüren.
Klara
Namensschildchen aus Karton
Backpapier rund ausschneiden.
Papier einschlagen und nach innen falten.

Serviette nach dem Falten und Kleben hineinschieben.
Klebeband
Papierserviette
Plastikmesser hineinstecken.
In Backpapier einwickeln.

WIEDERVERWENDBARE SANDWICHTÜTE

Ein echter Alleskönner ist diese Brottüte, die bei uns zur Standardausrüstung gehört. Unterwegs dient sie als platzsparender Transportbehälter, aufgefaltet als Tischset, und schließlich lässt sie sich ganz klein zusammenfalten, mitnehmen und nach unkompliziertem Abwischen immer wieder verwenden.

1 Zwei passgenaue Vierecke Wachstuch ausschneiden (Toast 34 x 34 cm, Baguette je 44 x 32 cm), die Ecken rund ausschneiden.

2 Vierecke aneinandernähen.

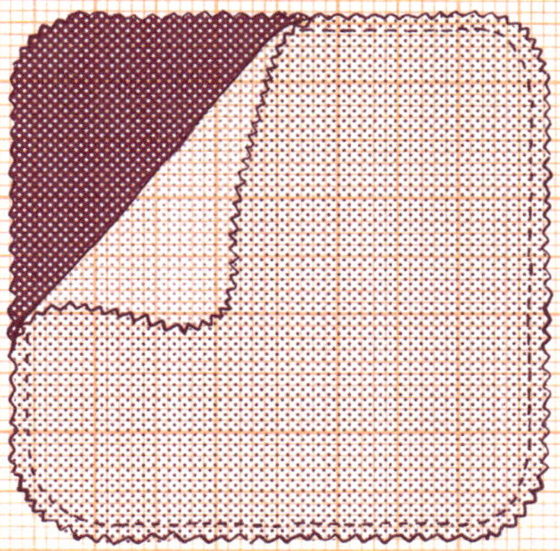

3

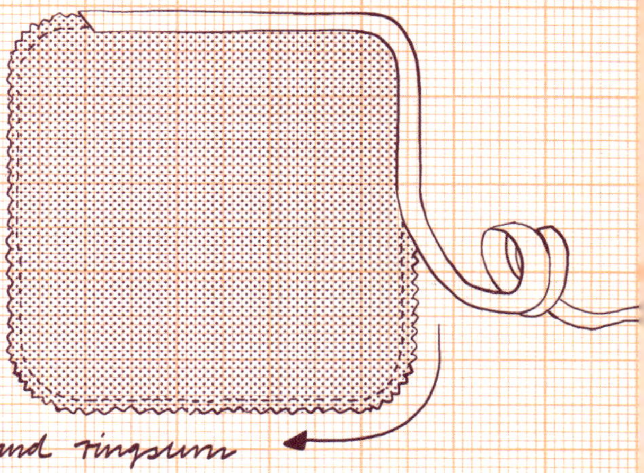

Schrägband ringsum annähen.

4

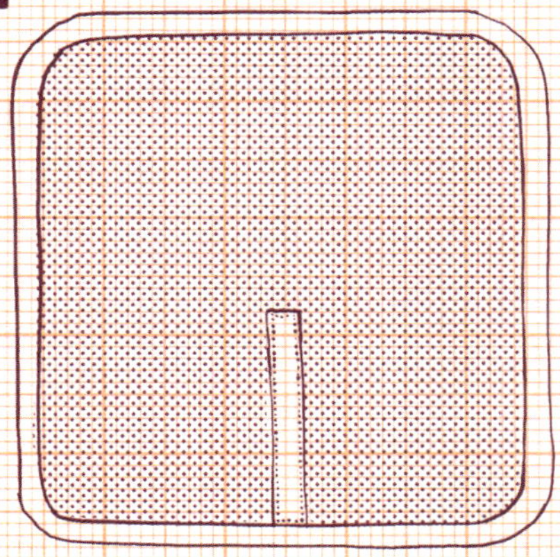

Klebeband (ca. 16 cm) annähen.

5

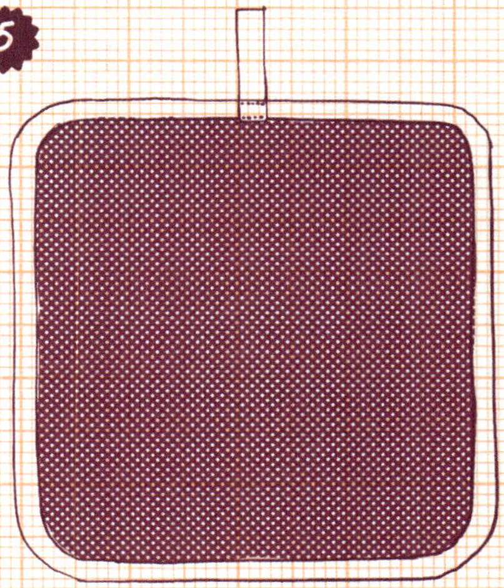

Umdrehen, Gegenstück zum Klebeband (ca. 7 cm) annähen.

Frühstück, Sonntag, Schweiz? Zopf! Das ist ein Package Deal. Genauso ein Muss ist dann das Zopfsandwich aus den Resten am Montag – das schmeckt echt mit jedem Inhalt.

Zopfsandwich mit Lyoner Wurst

Für 2 Stück

- 2 EL Frischkäse
- 2 EL grobkörniger Senf
- 4 Scheiben Zopf (Rezept Seite 81)
- 120 g Lyoner Wurst in Scheiben
- 30 g Zwiebelsprossen
- 1 EL Mayonnaise
- 1 EL Quark

Den Frischkäse mit dem Senf mischen. 2 Zopfscheiben mit der Frischkäsemischung bestreichen. Mit Lyoner Wurst und Zwiebelsprossen belegen. Die Mayonnaise mit dem Quark mischen. Die restlichen Zopfscheiben damit bestreichen und die belegten Zopfscheiben damit bedecken.

Die vegetarische Variante ist ganz einfach: Lyoner durch Gruyère in Scheiben ersetzen.

Baguette mit Huhn und Avocado

Für 2–3 Stück

3 EL Mayonnaise | 3 EL Quark | 1 unbehandelte Zitrone | 1 Avocado | 2 Hühnerbrüstchen | 1 l Bouillon | 6 Scheiben Bratspeck | 1 Baguette (Rezept Seite 78) | Butter zum Bestreichen | 4 Blätter Kopfsalat | Salz, Pfeffer aus der Mühle

Die Mayonnaise mit dem Quark mischen. Die Zitronenschale fein dazureiben und daruntermischen. Die Avocado halbieren, den Kern entfernen, das Fruchtfleisch aus der Schale lösen und mit einer Gabel zerdrücken.

Die Hühnerbrüstchen in 1 Liter heißer Bouillon 10 Minuten pochieren. Herausnehmen, auskühlen lassen und mit zwei Gabeln grob zerzupfen. Den Speck in einer Bratpfanne knusprig braten.

Das Baguette längs halbieren. Den Baguetteboden mit Butter bestreichen, dann mit Salat, Avocado, Speck, Huhn und Mayonnaise belegen. Mit Salz und Pfeffer würzen und den Deckel aufsetzen.

Ferien in Dänemark, wo man überall bei kleinen Fischhändlern besten geräucherten Lachs kaufen kann, inspirierten mich zu dieser herrlichen Kombination. Perfekt für das Picknick am Strand.

Proteinbrot mit Fenchel und Lachs

Für 2 Stück

4 EL Frischkäse
1 EL Meerrettich aus dem Glas
1 Fenchelknolle
120 g geräucherter Lachs
4 Scheiben Proteinbrot (Rezept Seite 80)
2 EL Rucolapesto (Rezept Seite 28)
Salz, Pfeffer aus der Mühle

Den Frischkäse mit dem Meerrettich mischen. Den Fenchel in feine Scheiben hobeln. Den Lachs grob zerzupfen.

2 Scheiben Brot mit der Frischkäsemischung bestreichen. Lachs, Fenchel und Pesto darauf verteilen. Mit Salz und Pfeffer würzen. Mit den restlichen Brotscheiben bedecken.

In Sandwichpapier eingewickelt, lassen sich diese Brote sicher transportieren: So bleiben all die guten Zutaten an ihrem Platz. Alternativ kann man auch Backpapier oder einige Streifen normales Schreibpapier verwenden.

Proteinbrot mit Avocado, Käse und Tomaten

Für 2 Stück

1 Avocado
1 Tomate
4 Scheiben Proteinbrot (Rezept Seite 80)
4 EL Hummus (Rezept Seite 144)
4 Scheiben Käse
4 Blätter Eichblattsalat
2 EL Rucolapesto (Rezept Seite 28)
Salz, Pfeffer aus der Mühle

Die Avocado halbieren, den Kern entfernen, das Fruchtfleisch mit einem Löffel herauslösen und in Scheiben schneiden. Die Tomate in dünne Scheiben schneiden.

2 Scheiben Brot mit dem Hummus bestreichen. Avocado, Käse, Tomatenscheiben, Salat und Pesto darauf verteilen. Mit Salz und Pfeffer würzen. Mit den restlichen Brotscheiben bedecken.

alles im Brot

Anstelle von Proteinbrot bringt auch Pumpernickel ganz viel Power und Geschmack.

Grundrezepte Brot

Für 8–12 Stück, je nach Größe

- 20 g Hefe
- 1 EL Honig
- 200 g helles Dinkelmehl
- 300 g Dinkelvollkornmehl
- 1 TL Salz
- 100 g Walnüsse
- Mehl zum Bestäuben

BROTSTANGEN MIT WALNÜSSEN

Die Hefe und den Honig in 300 ml lauwarmem Wasser auflösen. Mehl und Salz beigeben und alles in einer Küchenmaschine 15 Minuten zu einem geschmeidigen Teig kneten. Die Walnüsse grob hacken und zum Schluss noch kurz mitkneten. Den Teig zugedeckt etwa 1½ Stunden gehen lassen.

Den Backofen auf 180 Grad vorheizen. Den Teig in 8 Stücke teilen und aus den Teigstücken auf der bemehlten Arbeitsfläche Stangen formen. Die Stangen leicht zwirbeln und auf ein mit Backpapier belegtes Blech legen. Zugedeckt nochmals 30 Minuten gehen lassen. Die Stangen mit etwas Mehl bestäuben und in der Mitte des vorgeheizten Ofens 20–25 Minuten goldbraun backen. Herausnehmen und auskühlen lassen.

FOCACCIA

Für 2 Stück

500 g Mehl
2 ½ TL Salz
20 g frische Hefe
1 EL Honig
4 EL Olivenöl
grobes Salz zum Bestreuen
Mehl für die Arbeitsfläche

Mehl und Salz in einer Schüssel mischen. In die Mitte eine Mulde drücken. Die Hefe und den Honig in 300 ml lauwarmem Wasser auflösen und zusammen mit 2 Esslöffeln Olivenöl in die Mulde gießen. Alles zu einem weichen, geschmeidigen Teig kneten. Den Teig zugedeckt etwa 1 Stunde gehen lassen.

Den Backofen auf 180 Grad vorheizen. Den Teig durchkneten und halbieren. Die Teigstücke auf wenig Mehl etwa 1 cm dick oval ausrollen. Auf ein mit Backpapier belegtes Blech legen und mit einer Gabel einstechen. Mit 2 Esslöffel Olivenöl beträufeln. Mit grobem Salz bestreuen. Die Focacce in der Mitte des vorgeheizten Ofens ungefähr 30 Minuten backen. Herausnehmen und auskühlen lassen.

BAGUETTE

Für 4 Stück

Für den Vorteig
5 g Hefe
300 g Mehl Type 550 (Weißmehl)

Für den Teig
15 g Hefe
1 EL Salz
1 EL Zucker
450 g Mehl Type 550 (Weißmehl)
Meersalz zum Bestreuen
Mehl für die Arbeitsfläche

Für den Vorteig die Hefe in 300 ml Wasser auflösen. Das Mehl beigeben und alles zu einem glatten Teig verarbeiten. Den Teig, mit Frischhaltefolie abgedeckt, bei Zimmertemperatur mindestens 4 Stunden oder über Nacht im Kühlschrank gehen lassen.

Für den Teig die Hefe in 300 ml Wasser auflösen. Den Vorteig, Salz, Zucker und Mehl beigeben. Alles in einer Küchenmaschine 15 Minuten zu einem weichen, geschmeidigen Teig kneten. Den Teig zugedeckt etwa 1 ½ Stunden gehen lassen.

Den Backofen auf 240 Grad vorheizen. Den Teig vierteln und die Teigstücke auf der bemehlten Arbeitsfläche jeweils zu einem Rechteck formen. Von der Längsseite her aufrollen, die Enden dabei zu Spitzen formen. Die Stangen leicht zwirbeln und auf ein mit Backpapier belegtes Blech legen. Zugedeckt 1 weitere Stunde gehen lassen. Die Baguettes mit Wasser bestreichen und mit Meersalz bestreuen. In der Mitte des vorgeheizten Ofens 20–25 Minuten goldbraun backen. Herausnehmen und auskühlen lassen.

Für 6 Stück

½ Würfel frische Hefe
2 EL Olivenöl
120 g Hartweizengrieß
270 g Mehl Type 550 (Weißmehl)
½ TL Salz
Mehl zum Bearbeiten

CIABATTA

Die Hefe in 300 ml lauwarmem Wasser auflösen. Das Öl daruntermischen. Hartweizengrieß, Mehl und Salz beigeben und alles zu einem weichen, geschmeidigen Teig kneten. Den Teig zugedeckt etwa 1 Stunde gehen lassen.

Den Teig in sechs Stücke teilen, diese zu Kugeln formen und mit der Hand zu einem Oval flach drücken. Die Teigfladen auf ein mit Backpapier belegtes Blech legen, mit wenig Mehl bestäuben und nochmals 30 Minuten gehen lassen.

Den Backofen auf 240 Grad vorheizen. Die Teigfladen mit wenig Wasser bespritzen. Die Ofentemperatur auf 220 Grad reduzieren und die Brote in der Mitte des vorgeheizten Ofens etwa 10 Minuten backen. Herausnehmen und auskühlen lassen.

Für 4–6 Stück

500 g Dinkelvollkornmehl
1 TL gemahlener Kreuzkümmel
2 TL Salz
1 Beutel Trockenhefe
250 g Naturjoghurt
1 EL Butter
Olivenöl zum Bestreichen

INDISCHES NAANBROT

Das Mehl mit Kreuzkümmel und Salz in einer Schüssel vermischen. Die Hefe im Joghurt auflösen und mit der Butter zum Mehl geben. Alles zu einem weichen, geschmeidigen Teig kneten. Den Teig zugedeckt etwa 1 Stunde gehen lassen.

Den Backofen auf 240 Grad vorheizen. Den Teig in sechs Stücke teilen, diese zu Kugeln formen und dann zu 1 cm dicken Fladen ausrollen. Die Teigfladen auf ein eingeöltes Backblech legen, mit Olivenöl bestreichen und in der Mitte des vorgeheizten Ofens etwa 10 Minuten goldbraun backen. Herausnehmen und auskühlen lassen.

alles im Brot

Die Naanbrote können auch in der Pfanne ausgebacken werden.

FLADENBROT

Für 6 Stück

250 g Mehl Type 812 (Halbweißmehl)
½ TL Salz
¼ Beutel Trockenhefe
Olivenöl
Mehl für die Arbeitsfläche

Mehl und Salz in einer Schüssel mischen, in die Mitte eine Mulde drücken. Die Hefe, 2 ½ Esslöffel Öl und 200 ml lauwarmes Wasser in die Mulde geben. Alles zu einem weichen, geschmeidigen Teig kneten. Bei Bedarf noch etwas Wasser dazugeben. Den Teig zugedeckt ungefähr 30 Minuten gehen lassen.

Den Teig in sechs Stücke teilen, diese zu Kugeln formen und auf wenig Mehl etwa 3 mm dünn zu Fladen ausrollen. In einer Bratpfanne Olivenöl erhitzen. Die Fladen darin einzeln beidseitig je 2–3 Minuten backen. Auf einem Gitter auskühlen lassen.

PIADINE

Für 4 Stück

250 g Mehl
1 TL Salz
¼ Würfel frische Hefe
Mehl für die Arbeitsfläche
Olivenöl zum Braten

Mehl und Salz in einer Schüssel mischen. Die Hefe dazubröseln. 150 ml Wasser dazugießen. Alles zu einem weichen, geschmeidigen Teig kneten. Den Teig zugedeckt ungefähr 1 Stunde gehen lassen.

Den Teig in vier Stücke teilen, jedes Stück zu einer Kugel formen und auf wenig Mehl zu einem Fladen von ungefähr 20 cm Durchmesser ausrollen. Die Teigfladen in einer Bratpfanne beidseitig je etwa 2 Minuten backen, herausnehmen.

PROTEINBROT

Für 1 Kastenform (Cakeform) von 30 cm Länge

7 g Trockenhefe
2 EL Olivenöl
250 g (Dinkel-)Vollkornmehl
100 g Roggenschrotmehl (Type 1800)
100 g Kernenmix, (Sonnenblumen-, Sesam-, Kürbiskerne)
4 Eier

Mehl, Salz und Kernenmix in einer großen Schüssel mischen, in die Mitte eine Mulde drücken. 375 ml Wasser, Trockenhefe und Öl mischen und 5 Minuten ruhen lassen, dann mit den Eiern in die Mulde geben. Alles gut zu einem weichen Teig kneten. Den Teig in eine mit Backpapier ausgelegte Form legen und über Nacht im Kühlschrank ruhen lassen.

Den Backofen auf 220 Grad vorheizen. Die Ofentemperatur auf 190 Grad reduzieren und das Brot in der Mitte des Ofens etwa 45 Minuten backen. Herausnehmen, etwas abkühlen lassen und aus der Form nehmen.

TOASTBROT

Für 1 Kastenform (Cakeform) von 30 cm Länge

- 500 g helles Dinkelmehl
- 2 TL Salz
- ¼ Würfel frische Hefe
- 1 TL Zucker
- 300 ml halb Milch, halb Wasser gemischt, lauwarm
- 60 g Butter, weich
- Fett für die Form

Mehl und Salz in einer Schüssel mischen, in die Mitte eine Mulde drücken. Die Hefe mit dem Zucker in dem Milchwasser auflösen. Das Milchwasser und die Butter zum Mehl geben. Alles zu einem weichen, geschmeidigen Teig kneten. Den Teig zugedeckt etwa 1 Stunde gehen lassen.

Den Teig etwas flach drücken, zu einer Rolle formen und in die gefettete Form legen. Nochmals rund 30 Minuten gehen lassen.

Den Backofen auf 240 Grad vorheizen. Im unteren Drittel des Ofens ein tiefes Blech einschieben und wenig Wasser hineingeben. Die Ofentemperatur auf 180 Grad reduzieren. Das Toastbrot in der Mitte des vorgeheizten Ofens 40–45 Minuten backen. Herausnehmen, etwas abkühlen lassen. Das Brot aus der Form nehmen und auf einem Gitter vollständig auskühlen lassen.

ZOPF

Für 1 Zopf

- 500 g Mehl Type 550 (Weißmehl) oder Zopfmehl
- 2 TL Salz
- ½ Würfel frische Hefe
- 1 TL gemahlener Rohzucker
- 50 g Butter
- 250 ml Milch
- 1 Ei zum Bestreichen

Mehl und Salz in einer Schüssel mischen, in die Mitte eine Mulde drücken. Die Hefe mit dem Zucker verrühren und in die Mulde geben. Die Butter schmelzen, mit der Milch mischen und zum Mehl gießen. Alles zu einem weichen, geschmeidigen Teig kneten. Den Teig zugedeckt etwa 1 Stunde gehen lassen.

Den Backofen auf 200 Grad vorheizen. Aus dem Teig einen Zopf flechten und diesen auf ein mit Backpapier belegtes Blech legen. Mit dem verquirlten Ei bestreichen, 10 Minuten ruhen lassen. Den Zopf in der Mitte des vorgeheizten Ofens etwa 45 Minuten backen. Herausnehmen und auskühlen lassen.

alles im Brot

Die Milch kann man auch durch Sojamilch ersetzen.

Für die folgenden Rezepte braucht es keinen Herd, keinen Backofen, keine Mikrowelle – Salate sind der perfekte Lunch zum Mitnehmen. An warmen Sommertagen frisch und leicht, im Winter herzhaft sättigend. Und wer meint, dass man von Salat nicht satt wird, wird hier eines Besseren belehrt. Denn Salat ist bei mir weit mehr als nur »Grünfutter«!

Glasnudelsalat mit Tofu

Für 4 Portionen

400 g Tofu
2 EL Erdnussöl
2 EL Sesamsamen
1 Karotte
1 rote Paprikaschote
1 Lauchstange
1 Chilischote
450 ml Gemüsebouillon
120 g Glasnudeln
100 g Sojasprossen

Für die Salatsauce
3 cm frischer Ingwer
1 Chilischote
4 EL Sojasauce light
2 EL Sesamöl
Salz, Pfeffer aus der Mühle
3 Zweige Koriander

Den Tofu in Würfel schneiden und in 1 Esslöffel Öl anbraten. Den Sesam kurz mitbraten. Herausnehmen, beiseitestellen. Karotte, Paprika, Lauch und Chili in feine Streifen schneiden und 1 Esslöffel Öl kurz rührbraten.

Die Bouillon aufkochen. Die Glasnudeln beigeben und etwa 4 Minuten kochen, dann abgießen und gut abtropfen lassen. Die Nudeln mit Gemüse, Sojasprossen und Tofu mischen.

Für die Sauce den Ingwer fein reiben. Die Chili halbieren, entkernen und fein hacken. Sojasauce, Sesamöl, Ingwer und Chili mischen. Die Sauce mit dem Salat vermischen. Mit Salz und Pfeffer abschmecken. Den Koriander grob zerzupfen und über den Salat geben.

Keine Lust auf Tofu? Dann ersetzt man ihn zum Beispiel durch Hühnchen.

Den Koriander erst zum Servieren auf dem Salat verteilen, sonst macht er schlapp; er ergibt noch mal einen tollen Farbtupfer.

Quinoasalat mit Avocado, Kaki und Speck – ein absolutes Highlight und perfekt zum Mitnehmen!

Die vegetarische Variante geht ganz einfach:

Quinoasalat

Für 4 Portionen

500 ml Gemüsebouillon
200 g Quinoa
1 Avocado
1 Kaki
250 g Cherrytomaten
2 Maiskolben
6 Scheiben Bratspeck
1 unbehandelte Zitrone
4 EL Olivenöl
Salz, Pfeffer aus der Mühle
½ Bund Minze

Die Bouillon aufkochen. Das Quinoa beigeben und zugedeckt bei kleiner Hitze etwa 25 Minuten weich köcheln.

Avocado und Kaki schälen und in Würfel schneiden. Die Cherrytomaten halbieren. Die Maiskolben 10 Minuten in siedendem Wasser kochen, dann herausnehmen, etwas abkühlen lassen und die Maiskörner vom Kolben schneiden. Den Speck in Streifen schneiden und knusprig braten.

Die Zitronenschale fein abreiben, den Saft auspressen. Beides mit dem Olivenöl mischen. Das Quinoa und alle vorbereiteten Zutaten daruntermischen. Mit Salz und Pfeffer abschmecken. Die Minze in Streifen schneiden und auf dem Salat verteilen.

→ den Speck durch geröstete Pekannüsse ersetzen.

Ein Salat für Hungrige, vollgepackt mit ordentlich Power! Da knurrt bald kein Magen mehr.

Kichererbsensalat mit Avocado und Feta

Für 2 Portionen

1 Dose Kichererbsen (à ca. 250 g)
1 Avocado
1 Frühlingszwiebel
100 g Feta
½ Bund Koriander
2 EL Olivenöl
1 EL Zitronensaft
Salz, Pfeffer aus der Mühle

Die Kichererbsen kalt abspülen und abtropfen lassen. Die Avocado halbieren, den Kern entfernen, das Fruchtfleisch mit einem Löffel herauslösen und in Würfel schneiden. Die Frühlingszwiebel hacken. Den Feta mit einer Gabel etwas zerdrücken. Den Koriander grob schneiden. Alle vorbereiteten Zutaten gut mit dem Olivenöl und dem Zitronensaft vermischen. Mit Salz und Pfeffer abschmecken.

Fruchtsalat

Für 4 Portionen

- 2 Äpfel
- ½ Mango
- 2 Kiwis
- 2 Orangen
- 1 Zitrone
- ½ Granatapfel
- 2–3 Zweige Pfefferminze
- 2 EL Pistazienkerne

Äpfel, Mango und Kiwis schälen und in Würfel schneiden. Eine Orange schälen (samt der weißen Innenhaut) und die Fruchtfilets herauslösen. Von der zweiten Orange und der Zitrone den Saft auspressen. Die Granatapfelkerne mit einem Löffel herausklopfen. Alle Früchte mit dem Orangen- und Zitronensaft mischen. Die Minze in Streifen schneiden und daruntermischen. Den Fruchtsalat zugedeckt 30 Minuten kühl stellen. Die Pistazien grob hacken und darüberstreuen.

1

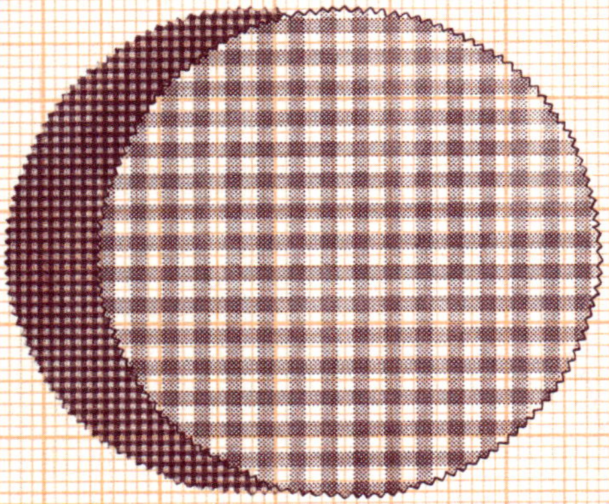

2 x Wachstuchrondellen
Ø Gefäß + 3cm Zugabe

2

3

auf einer Seite einschneiden.

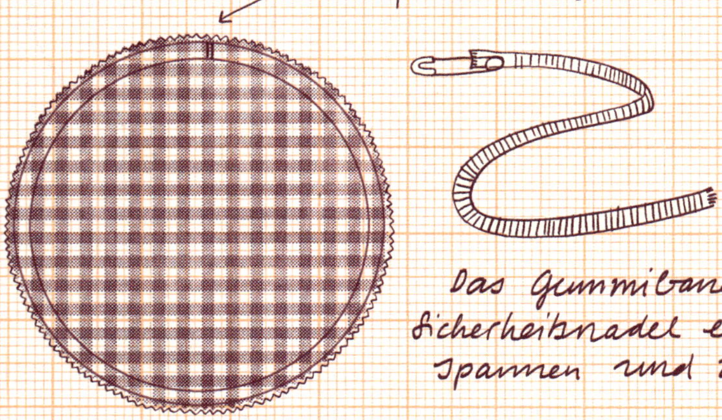

Das Gummiband mit einer Sicherheitsnadel einziehen, spannen und zusammennähen.

FLEX-COVER

Dieser Salat eignet sich auch ideal als Brotfüllung – zum Beispiel für ein Baguette-Sandwich.

Hühnchen-Curry-Salat

Für 2 Portionen

- 1 l Geflügelbouillon
- 2 Hühnerbrüstchen
- 2 EL Mayonnaise
- 4 EL Magerquark
- 1½ EL Currypulver
- 2 EL Weißweinessig
- 2 EL Sonnenblumenöl
- 2 Zweige Pfefferminze
- 1 Mango
- Salz, Pfeffer aus der Mühle

Die Bouillon aufkochen. Die Hitze reduzieren und die Hühnerbrüste in der Bouillon 10–15 Minuten ziehen lassen.

Inzwischen Mayonnaise, Quark, Currypulver, Essig und Öl in einer Schüssel gut verrühren. Die Pfefferminzblätter in feine Streifen schneiden und daruntermischen. Die Mango schälen, das Fruchtfleisch vom Kern schneiden, in Würfel schneiden und zur Sauce geben.

Die Hühnerbrüste aus dem Sud nehmen, abkühlen lassen und von Hand direkt in die Sauce zupfen. Alles gut mischen. Mit Salz und Pfeffer abschmecken.

Brotstange
(Rezept Seite 77)

Aus Pastaresten vom Vortag lässt sich ganz leicht dieser leckere, sättigende Salat zubereiten. Dafür lohnt es sich, auch mal absichtlich zu viel Nudeln zu kochen.

Pastasalat mit Röstgemüse

Für 2 Portionen

125 g rohe oder 375 g gekochte Pasta | Salz | ½ kleine Aubergine | ½ rote Paprikaschote | ½ gelbe Paprikaschote | ½ kleine Zucchini | 1 EL Olivenöl | 1 EL Basilikumpesto | Pfeffer aus der Mühle

Die Pasta in siedendem Salzwasser al dente kochen, abgießen und abtropfen lassen.

Aubergine, Paprikaschoten und Zucchini in 1½ cm große Würfel schneiden. Die Auberginen- und Zucchiniwürfel mit Salz bestreuen und 10 Minuten stehen lassen, dann ausdrücken. Das Gemüse im Öl 3–4 Minuten anbraten, auskühlen lassen. Die abgekühlte Pasta mit dem Gemüse und dem Pesto mischen. Mit Salz und Pfeffer abschmecken.

Pasta-Brokkoli-Salat mit Mozzarella

Für 2 Portionen

- 125 g rohe oder 375 g gekochte Pasta
- Salz
- 150 g Brokkoli
- 2 EL Pinienkerne
- ½ Mozzarella
- 2 EL Olivenöl
- Pfeffer aus der Mühle

Die Pasta in siedendem Salzwasser al dente kochen, abgießen und abtropfen lassen. Den Brokkoli in kleine Röschen zerteilen und bissfest kochen. Abgießen und abkühlen lassen. Die Hälfte des Brokkolis mit einem Kartoffelstampfer zerdrücken.

Die Pinienkerne in einer beschichteten Bratpfanne ohne Öl rösten. Den Mozzarella zerzupfen. Alles mit dem Öl mischen. Mit Salz und Pfeffer abschmecken.

Coleslaw-Apfel-Salat

Für 4 Portionen

- 500 g Weißkohl (Kabis)
- 1 Apfel
- 4 EL Pekannüsse
- 1 EL Zitronensaft
- 4 EL Olivenöl
- 1 EL grobkörniger Senf
- 1 EL Ahornsirup
- Salz, Pfeffer aus der Mühle
- 1 EL Cranberrys

Den Kohl in feine Streifen hobeln, den Apfel entkernen und ungeschält grob reiben, beides miteinander mischen. Die Nüsse grob hacken und in einer beschichteten Bratpfanne ohne Fett rösten. Zitronensaft, Olivenöl, Senf und Ahornsirup verrühren. Die Sauce mit dem Salat gut vermischen. Mit Salz und Pfeffer abschmecken. Die Cranberrys hacken und mit den Pekannüssen über den Salat streuen.

FRIENDS ARE THE CROUTONS
in the Salad
bowl of life

Zucchinispaghetti mit Crevetten

Für 2 Portionen

- 700 g grüne und gelbe Zucchini
- 2 EL Cashewkerne
- 1 unbehandelte Limette
- 1 Knoblauchzehe
- 12 rohe geschälte Riesencrevettenschwänze
- Salz, Pfeffer aus der Mühle
- Öl zum Braten
- 1 Chilischote
- 2 EL Fischsauce
- 1 Prise Rohzucker

Die Zucchini mit einem Spiral- oder Julienneschneider in lange, dünne »Spaghetti« schneiden. In leicht siedendem Wasser 1–2 Minuten blanchieren, abgießen und kalt abspülen.

Die Cashewkerne in einer Bratpfanne ohne Fett rösten, etwas abkühlen lassen und grob hacken.

Die Limettenschale fein abreiben, den Saft auspressen. Den Knoblauch pressen. Die Crevetten mit der Limettenschale, 1 Esslöffel Limettensaft und dem Knoblauch mischen und etwa 30 Minuten marinieren. Mit Salz und Pfeffer würzen und in der Pfanne in wenig Öl 3–4 Minuten braten.

Für die Salatsauce die Chili halbieren, entkernen und hacken, mit dem restlichen Limettensaft, der Fischsauce und dem Rohzucker verrühren. Die Zucchinispaghetti mit der Salatsauce mischen. Die Crevetten und die Cashewkerne darauf verteilen.

Für mich ist Couscoussalat der absolute Favorit. Überhaupt ist Couscous eine tolle Grundzutat für viele fantastische Gerichte, denn er ist superschnell zubereitet und lässt sich unglaublich vielseitig verwenden. Also nur zu und die eigenen Kombinationen ausprobieren!

Couscous-Salat mit Roter Bete

Für 2 Portionen

- 100 g Couscous
- 100 ml Gemüsebouillon
- 150 g Rote Bete (Rande), gekocht
- 50 g Kichererbsen aus der Dose
- 50 g Hüttenkäse
- ½ Bund Petersilie
- 1–2 EL Zitronensaft
- 2 EL Olivenöl
- ½ TL gemahlener Kreuzkümmel
- Salz, Pfeffer aus der Mühle
- 1 Prise Zucker

Den Couscous mit der Bouillon aufkochen und zugedeckt etwa 7 Minuten quellen lassen.

Die Rote Bete schälen und würfeln. Die Kichererbsen kalt abspülen und abtropfen lassen. Beides mit dem Hüttenkäse zum Couscous geben.

Die Petersilie fein hacken. Zitronensaft, Öl, Petersilie, Kreuzkümmel, Salz, Pfeffer und Zucker verrühren. Die Sauce zu den vorbereiteten Zutaten geben, gut mischen und 10 Minuten ziehen lassen. Bei Bedarf nochmals abschmecken.

Couscous-Salat mit Tomaten

Für 2 Portionen

- 100 g Couscous
- 100 ml Gemüsebouillon
- 1 EL Pinienkerne
- 100 g getrocknete, in Öl eingelegte Tomaten
- 50 g entsteinte schwarze Oliven
- 50 g Mozzarella
- ½ Bund Basilikum
- 1–2 EL weißer Balsamicoessig
- 2 EL Olivenöl
- Salz, Pfeffer aus der Mühle
- 1 Prise Zucker

Den Couscous mit der Bouillon aufkochen und zugedeckt etwa 7 Minuten quellen lassen.

Die Pinienkerne in einer Bratpfanne ohne Fett rösten. Die Tomaten und die Oliven klein schneiden, den Mozzarella zerzupfen. Das Basilikum fein hacken.

Balsamico und Öl verrühren, mit Salz, Pfeffer und Zucker abschmecken. Die Sauce mit den vorbereiteten Zutaten mischen, 10 Minuten durchziehen lassen und falls nötig nochmals abschmecken.

Couscous-Salat mit Feta

Für 2 Portionen

- 100 g Couscous
- 100 ml Gemüsebouillon
- 150 g Salatgurke
- 50 g Feta
- 50 g Granatapfelkerne
- 1 EL Pistazienkerne
- ½ Bund Pfefferminze
- 1–2 EL Zitronensaft
- 2 EL Olivenöl
- Salz, Pfeffer aus der Mühle
- 1 Prise Zucker

Den Couscous mit der Bouillon aufkochen und zugedeckt etwa 7 Minuten quellen lassen.

Die Gurke schälen, halbieren, entkernen und würfeln. Den Feta ebenfalls in Würfel schneiden. Gurke, Feta, Granatapfelkerne und Pistazien zum Couscous geben.

Die Minzeblätter abzupfen und fein hacken. Zitronensaft und Öl verrühren, mit Salz, Pfeffer und Zucker abschmecken. Die Sauce mit den vorbereiteten Zutaten mischen, 10 Minuten ziehen lassen und nach Belieben noch einmal abschmecken.

Salat lässt sich leicht in grossen Vorratsgläsern transportieren, das sieht toll aus und ist zudem praktisch.

Anna
Ich habe eine ganze
Sammlung verschiedener Vorratsgläser,
so wird es nie langweilig!

Asia-Reissalat

Für 2 Portionen

150 g Basmatireis
Salz
180 g grüne Bohnen
180 g rote Zwiebeln
1 Kaki
2 EL gesalzene Erdnüsse
1 unbehandelte Limette
100 ml Ingwer-Chili-Salatsauce
(Rezept Seite 115)

Den Reis unter fließendem Wasser abspülen. Den Reis mit 225 ml Wasser und ¼ Teelöffel Salz aufkochen, dann zugedeckt auf der ausgeschalteten Herdplatte 15 Minuten quellen lassen, dann mit einer Gabel lockern und abkühlen lassen.

Die Bohnen in etwa 3 cm große Stücke schneiden. In siedendem Salzwasser 5 Minuten kochen, abgießen, mit kaltem Wasser abschrecken und abtropfen lassen.

Die Zwiebeln längs halbieren und längs in Streifen schneiden. Die Kaki schälen und halbieren, das Fruchtfleisch 1 cm groß würfeln. Die Erdnüsse in einer beschichteten Bratpfanne rösten, beiseitestellen. Reis, Bohnen, Zwiebeln, Kaki und Erdnüsse in eine Lunchbox oder ein Vorratsglas schichten. Die Schale der Limette darüberreiben. Die Salatsauce in ein kleines verschließbares Glas oder Tupperware füllen. Die Sauce erst unmittelbar vor dem Genuss über den Salat geben.

Karottensalat mit Ingwer

Für 3–4 Portionen

- 2 EL Mandelblättchen
- 400 g Karotten
- 2 cm frischer Ingwer
- ½ Bund Petersilie
- 1 unbehandelte Zitrone
- 4 EL Olivenöl
- 1 EL Rosinen
- ½ TL Chilipulver
- Salz, Pfeffer aus der Mühle

Die Mandelblättchen in einer Bratpfanne ohne Fett rösten.

Die Karotten grob, den Ingwer fein reiben. Die Petersilie hacken. Die Zitronenschale fein abreiben, den Saft auspressen. Die Karotten mit Ingwer, Zitronenschale, 2 Esslöffeln Zitronensaft, Öl, Rosinen, Chilipulver und Petersilie mischen. Mit Salz und Pfeffer abschmecken. Die gerösteten Mandelblättchen darüberstreuen.

Fenchelsalat mit Mango und Crevetten

Für 4 Portionen

- 1 Fenchelknolle
- 1 Mango
- 1 cm frischer Ingwer
- 4 EL Sesamöl
- 1 TL Garam Masala
- 16 rohe geschälte Riesencrevettenschwänze
- 1 Limette
- 2 EL Olivenöl
- Salz, Pfeffer aus der Mühle
- ½ Bund Kerbel
- 2 TL schwarze Sesamsamen

Den Fenchel in dünne Steifen hobeln. Das Mangofruchtfleisch von Stein und in Würfel schneiden. Den Ingwer fein reiben.

2 Esslöffel Sesamöl mit dem Ingwer und Garam Masala mischen und die Crevetten darin etwa 30 Minuten marinieren. Die Crevetten in einer Bratpfanne 3–4 Minuten unter Rühren anbraten. Abkühlen lassen.

Die Limette auspressen, mit 2 Esslöffeln Sesamöl und dem Olivenöl verrühren. Mit Salz und Pfeffer abschmecken. Den Kerbel grob schneiden und daruntermischen. Fenchel, Crevetten und Mango gut mit der Sauce mischen. Den Salat mit dem Sesam bestreuen.

Wurst-Käse-Salat

Für 4 Portionen

- 1 Schalotte
- 50 ml Gemüsebouillon
- 1 EL Olivenöl
- 1½ EL Weißweinessig
- 1½ EL Mayonnaise
- 1 TL Senf
- Salz, Pfeffer aus der Mühle
- 700 g Lyoner Wurst am Stück
- 400 g Gruyère
- 8–10 Radieschen
- 2 Frühlingszwiebeln
- ½ Bund Schnittlauch
- 1 Handvoll Portulak

Für die Sauce die Schalotte fein hacken. Bouillon, Öl, Essig, Mayonnaise, Senf und Schalotte in ein Vorrats- oder Schraubglas geben, mit dem Deckel fest verschließen und gut schütteln. Mit Salz und Pfeffer abschmecken.

Für den Salat die Lyoner Wurst längs vierteln und in dünne Scheiben schneiden. Den Käse grob reiben. Radieschen und Frühlingszwiebeln in dünne Scheiben schneiden. Den Schnittlauch fein schneiden. Wurst, Käse, Radieschen, Frühlingszwiebeln und Portulak in eine Lunchbox füllen, mit dem Schnittlauch bestreuen. Die Salatsauce in einem kleinen Glas oder Tuppergefäß mitnehmen.

Anstelle von Gruyère schmeckt dieser Salat auch mit Emmentaler gut.

Die Salatsaucen sind alle im Kühlschrank 2–3 Wochen haltbar – so ist der Salat noch schneller fertig!

Salatsaucen

QUARKSAUCE

Ergibt 250 ml

- 1 Zitrone, Saft
- 125 g Magerquark
- 50 ml Gemüsebouillon
- 2 EL Schnittlauch, in Röllchen geschnitten
- 50 ml Sonnenblumenöl
- 1 TL Agavendicksaft
- 2 EL grobkörniger Senf
- Salz, Pfeffer aus der Mühle

Alle Zutaten außer Salz und Pfeffer in ein großes Vorrats- oder Schraubglas geben und gut schütteln. Mit Salz und Pfeffer abschmecken. Die Sauce kühl stellen.

BALSAMICOSAUCE

Ergibt 300 ml

100 ml Gemüsebouillon
100 ml Balsamicoessig
1 EL milder Senf
1 EL getrocknete italienische Kräuter
50 ml Olivenöl
2 EL Tomatenpüree
1 TL Honig

Alle Zutaten in ein großes Vorrats- oder Schraubglas geben und gut schütteln. Die Sauce kühl stellen.

KOKOS-CURRY-SAUCE

Ergibt 250 ml

1 Limette, Saft
100 ml Gemüsebouillon
100 ml Kokosmilch
1 EL Reissirup
1 TL rote Currypaste
Salz, Pfeffer aus der Mühle

Alle Zutaten außer Salz und Pfeffer in ein großes Vorrats- oder Schraubglas geben und gut schütteln. Mit Salz und Pfeffer abschmecken. Die Sauce kühl stellen.

AVOCADOSAUCE

Ergibt 200 ml

1 Avocado
1 Zitrone, Saft
4 EL saurer Halbrahm
(saure Sahne extra)
50 ml Gemüsebouillon
50 ml Olivenöl
Salz, Pfeffer aus der Mühle

Die Avocado halbieren, den Kern entfernen, das Fruchtfleisch mit einem Löffel herauslösen und mit Zitronensaft, saurem Halbrahm, Bouillon und Olivenöl im Mixer fein pürieren. Mit Salz und Pfeffer abschmecken. Die Sauce in ein großes Vorrats- oder Schraubglas geben und kühl stellen.

INGWER-CHILI-SAUCE

Ergibt 250 ml

2 cm frischer Ingwer
100 ml Gemüsebouillon
50 ml Sesamöl
50 ml Weißweinessig
1 EL Kokosblütensirup
1 EL Sojasauce
1 TL Senf
½ TL Chiliflocken
Salz, Pfeffer aus der Mühle

Den Ingwer fein reiben, mit den restlichen Zutaten außer Salz und Pfeffer in ein großes Vorrats- oder Schraubglas geben und gut schütteln. Mit Salz und Pfeffer abschmecken. Die Sauce kühl stellen.

Mir ist es sehr wichtig, dass meine Mädels in ihrem aktiven Alltag unterwegs und in der Schule sich gut ernähren. Mit etwas Organisation und gar nicht so aufwendiger Vorbereitung ist das problemlos möglich. Und das Tolle: Sie lieben es mittlerweile, ihren Lunch mit etwas Hilfe nach kinderleichten Rezepten selbst vorzubereiten und cool zu verpacken. Was gibt es Besseres, als dass gesundes Essen zu einer Gewohnheit wird, die meine Töchter ihr ganzes Leben lang begleiten wird?

Karottenbrötchen mit Lyoner

Für 12 Stück

Für die Brötchen
125 ml Milch
125 ml Karottensaft
20 g frische Hefe
1 TL Zuckerrübensirup
500 g Dinkelmehl
1 ½ TL Salz
75 g Butter
500 g Karotten
50 g Kürbiskerne

Zum Belegen

80 g Frischkäse
80 g Lyoner Wurst in Scheiben
30 g Kresse

Milch und Karottensaft in einem kleinen Topf erwärmen. Die Hefe und den Zuckerrübensirup daruntermischen. Mehl und Salz in einer Schüssel mischen. Die Milchmischung und die Butter beigeben und alles gut mischen. Die Karotten fein dazureiben und alles zu einem weichen, geschmeidigen Teig kneten. Den Teig zugedeckt 1 Stunde gehen lassen.

Den Backofen auf 200 Grad vorheizen. Den Teig in zwölf Stücke teilen und diese zu Kugeln formen. Die Teigkugeln auf ein mit Backpapier belegtes Blech setzen und zugedeckt weitere 30 Minuten gehen lassen. Die Brötchen mit Wasser bestreichen und mit Kürbiskernen bestreuen. In der Mitte des vorgeheizten Ofens etwa 20 Minuten backen. Herausnehmen und auskühlen lassen.

4 Brötchen aufschneiden. Die Schnittflächen mit Frischkäse bestreichen. Die Böden mit Aufschnitt und Kresse belegen und die Deckel auflegen.

KINDERLEICHT

Diese Brötchen sind bei uns so beliebt, dass ich aufpassen muss, dass die Mädels sie mir nicht wegschnappen, bevor ich sie überhaupt einpacken kann.

Toastbrot mit Karotten-Hüttenkäse

Für 1 Kastenform (Cakeform) von 30 cm Länge

Für das Toastbrot

- 200 g Mehl Type 812 (Halbweißmehl)
- 300 g Dinkelvollkornmehl
- 2 TL Salz
- 1 TL Zucker
- 1 Beutel Trockenhefe
- 50 g Butter, weich
- 100 ml Milch
- Butter und 2 EL Mohn für die Form

Für das Toastbrot das Mehl mit Salz, Zucker und Hefe in einer Schüssel mischen. Die weiche Butter, 200 ml Wasser und die Milch dazugeben, alles vermischen und zu einem weichen, glatten Teig kneten. Den Teig zugedeckt bei Raumtemperatur etwa 1 Stunde gehen lassen. Die Form einfetten und mit dem Mohn ausstreuen. Den Teig zu einer länglichen Rolle formen und in die Form geben. Nochmals ungefähr 30 Minuten gehen lassen. Die Form mit einem Blech bedecken und in der unteren Ofenhälfte 40 Minuten backen. Herausnehmen und etwas abkühlen lassen. Dann das Brot aus der Form nehmen und auf einem Gitter vollständig auskühlen lassen.

Für die Füllung

- 4 Karotten
- 250 g Hüttenkäse
- Salz, Pfeffer aus der Mühle
- 1 EL Butter
- 4 Blätter Lollosalat

Für die Füllung die Karotten fein reiben, unter den Hüttenkäse mischen. Mit Salz und Pfeffer abschmecken.

Vom Brot acht Scheiben abschneiden. Vier Scheiben mit Butter bestreichen. Je 1 Salatblatt darauflegen und den Hüttenkäse darauf verteilen. Mit den restlichen Brotscheiben bedecken. Die gefüllten Sandwichbrote etwa 30 Minuten kühl stellen, dann halbieren.

Das ausgekühlte Toastbrot in Scheiben schneiden und diese einzeln, mit Backpapier dazwischen, einfrieren – so hat man bei Bedarf immer gleich die benötigte Anzahl Scheiben für ein leckeres Sandwich bereit.

Man kann die Scheiben
direkt gefroren toasten.

THERMO-LUNCHBAG

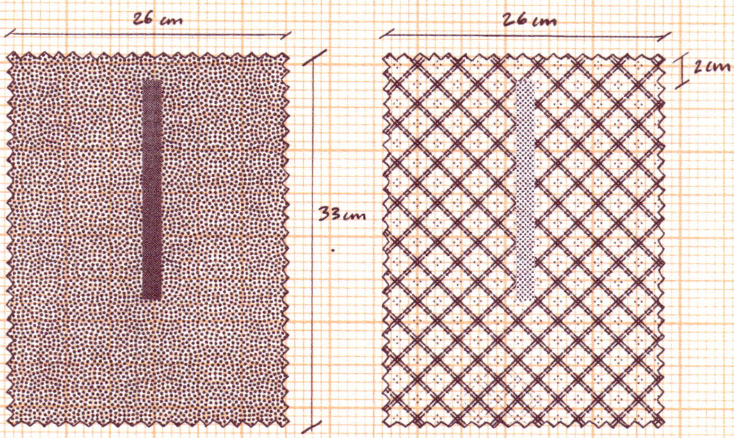

1 Zwei Stoffstücke zuschneiden. Jeweils zentriert den Klettstreifen annähen.

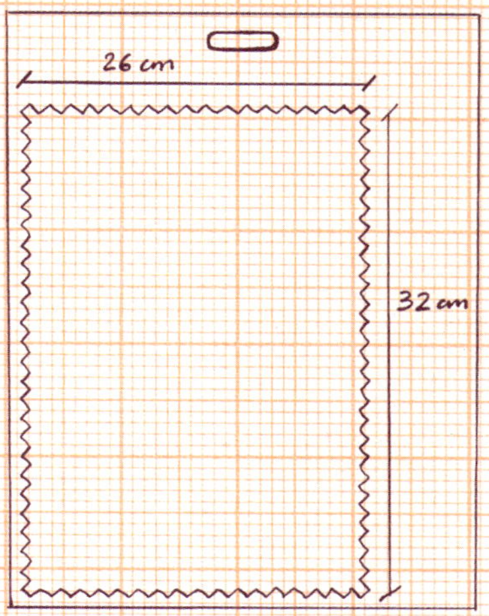

2 Aus einer Kühltasche je zwei Stücke ausschneiden.

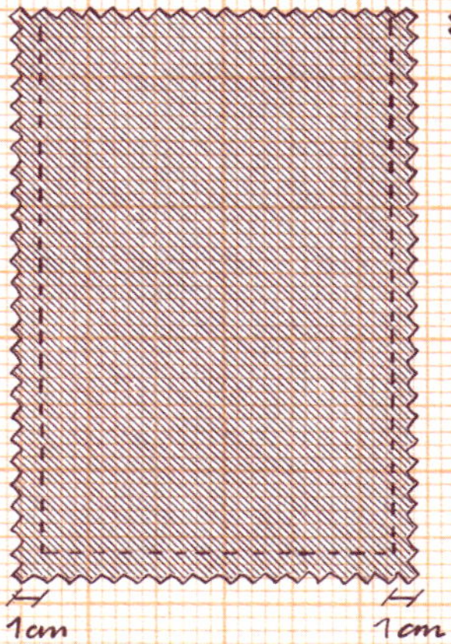

3 Die beiden Stoffstücke links auf links zusammennähen. Die beiden Kühltaschenstücke ebenfalls links auf links zusammennähen.

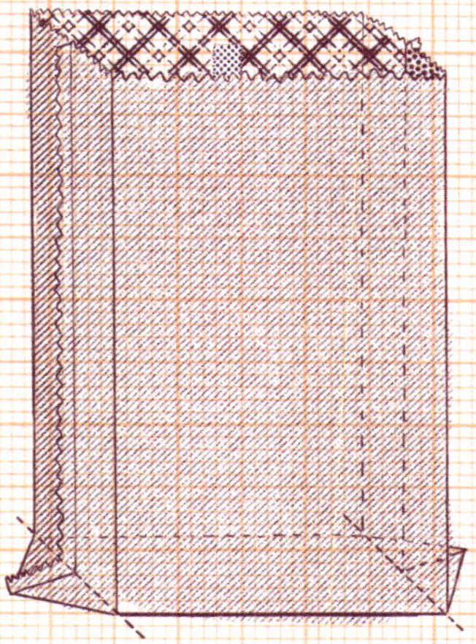

4 Die versäuberten Stücke aufstellen und auseinanderziehen, sodass ein dreidimensionaler Beutel entsteht. Die entstandenen Ecken abnähen und die überstehenden Zipfel abschneiden und mit Zickzackstich säubern. Den Stoffbeutel umdrehen, sodass die Klettstreifen von außen sichtbar sind.

5 Die Kühltasche in die Außentasche stecken.

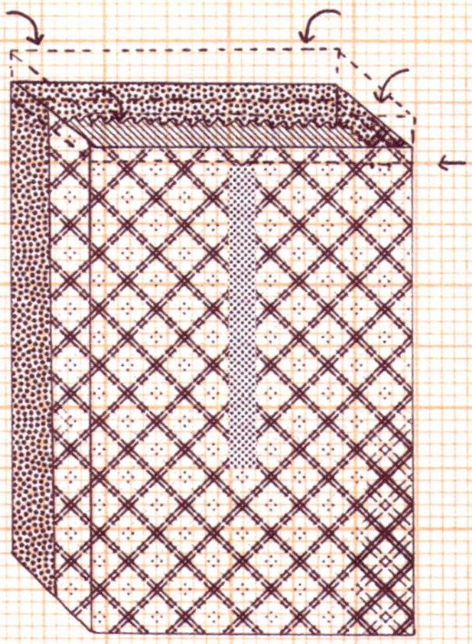

6 Rundherum nähen.

Variieren kann man
Grissini ganz einfach,
indem man dem
Teig verschiedene
gehackte Kräuter
beifügt.

KINDERLEICHT

Wenn es bei uns Pizza gibt, mache ich immer etwas mehr Teig, damit es auch gleich für Grissini reicht. Heiß geliebt von allen!

Grissini

Ergibt ca. 24 Stück

- ¼ Würfel frische Hefe
- 150 ml halb Milch, halb Wasser gemischt
- 250 g Mehl Type 812 (Halbweißmehl)
- ¾ TL Salz
- ½ EL Olivenöl
- 250 g Doppelrahmfrischkäse

Die Hefe im Milchwasser auflösen. Mehl und Salz in einer Schüssel mischen. Das Olivenöl und das Milchwasser beigeben. Alles zu einem weichen, geschmeidigen Teig kneten. Den Teig zugedeckt etwa 1 Stunde gehen lassen.

Den Backofen auf 200 Grad vorheizen. Den Teig vierteln und die Viertel in je sechs Portionen teilen. Diese zu etwa 1 cm dicken Grissini rollen. Die Grissini auf zwei mit Backpapier belegte Bleche legen, mit wenig Wasser bestreichen und in der Mitte des vorgeheizten Ofens 15–20 Minuten backen. Herausnehmen und auskühlen lassen. Die Grissini in ein hohes Vorratsglas füllen. Den Frischkäse in ein fest verschließbares Gefäß abfüllen.

Powerspieß

Für 4 Stück

- 4 Scheiben Pumpernickel
- 2 EL Frischkäse
- ½ Salatgurke
- ½ Mozzarella
- 12 Cherrytomaten
- 8 Scheiben Geflügelwurst

2 Scheiben Pumpernickel mit dem Frischkäse bestreichen und mit den restlichen Brotscheiben bedecken. 10 Minuten kühl stellen. Die Gurke vierteln und in 2 ½ cm große Stücke schneiden.

Mit einem runden Ausstecher kleine Sandwich-Rondellen aus dem Pumpernickel ausstechen. Den Mozzarella in 2 cm große Würfel schneiden. Die Wurstscheiben zusammenfalten. Alle Zutaten abwechselnd auf vier Holzspieße stecken.

Wem das Ausstechen zu mühsam ist, kann die Pumpernickelscheiben auch in einfache Quadrate schneiden.

Ein einfaches, schnelles Rezept, bei dem Kids super mithelfen und auch selbst kreativ werden können – denn aufspießen lässt sich so einiges, was Kinder gerne essen.

Auch an kalten Tagen wollen Kinder etwas Leckeres, Wärmendes zum Mitnehmen. Nichts leichter als das mit dieser schnellen Nudelsuppe!

Wärmende Nudelsuppe

Für 2 Gläser (à 200–300 ml)

- 50 g Hörnchennudeln (Hörnli)
- 2 Karotten
- 80 g tiefgekühlte Erbsen
- 2 TL Gemüsebouillonpulver
- 120 g Brätkügelchen

Die Nudeln nach Packungsangabe kochen, abgießen und abtropfen lassen. Die Karotten grob reiben und mit den Erbsen 1–2 Minuten blanchieren.

In jedes Glas 1 Teelöffel Gemüsebouillonpulver geben. Nudeln, Gemüse und Brätkügelchen in die Gläser schichten. Mit heißem Wasser aufgießen, 5 Minuten ziehen lassen. Umrühren und genießen.

Anstelle der Brätkügelchen in Rädchen geschnittene Wiener Würstchen verwenden.

Anstatt die Suppe fertig zuzubereiten,
kann man auch heißes Wasser in einer
Thermoskanne mitnehmen und erst dann über die
Suppe gießen, wenn man sie essen möchte.

Muffins mit Erbsen und Landjäger

Für 12 Stück (1 Muffinblech mit 12 Mulden)

- 3 Schalotten
- 1 EL Olivenöl
- 100 g Landjäger
- 3 Frühlingszwiebeln
- ½ Bund Schnittlauch
- 150 g tiefgekühlte Erbsen
- 250 g Dinkelmehl
- 2 TL Backpulver
- ½ TL Salz
- 80 g Parmesan, gerieben
- 75 g Butter, flüssig
- 1 Ei
- 250 ml Buttermilch

Die Schalotten fein hacken. Das Öl in einem Topf erhitzen und die Schalotten darin glasig dünsten. Abkühlen lassen. Die Landjäger in Würfel schneiden und in einer Bratpfanne ohne Öl etwa 5 Minuten anbraten. Die Frühlingszwiebeln in Ringe, den Schnittlauch in Röllchen schneiden. Schalotten, Landjäger, Frühlingszwiebeln, Schnittlauch und Erbsen mischen.

Den Backofen auf 190 Grad vorheizen. Das Mehl mit Backpulver und Salz mischen. Zwei Drittel des Parmesans daruntermischen. Die flüssige Butter, das Ei und die Buttermilch verrühren und zusammen mit dem Mehl unter die Gemüsemischung ziehen.

Die Mulden des Muffinblechs mit Papierförmchen auslegen. Den Teig mit einem Eisportionierer in die Muffinförmchen verteilen. Den restlichen Parmesan darüberstreuen. Die Muffins in der Mitte des vorgeheizten Ofens 25–30 Minuten backen. Herausnehmen und auskühlen lassen.

Für eine vegetarische Variante anstatt Landjäger Maiskörner verwenden.

Papierförmchen lassen sich ganz leicht aus Backpapier selber herstellen: Dieses einfach quadratisch zuschneiden, leicht ins Muffinblech drücken und den Teig einfüllen.

Laugenbrötchen

Für 12–15 Stück

250 g helles Dinkelmehl
250 g dunkles Dinkelmehl
1½ TL Salz
325 ml halb Sojamilch, halb Wasser gemischt
½ Würfel frische Hefe
1 TL Zucker
50 g Butter
Mehl für die Arbeitsfläche
1 Beutel Natron (5 g)
1 Msp. Instantkaffeepulver
1 Eiweiß zum Bestreichen
Meersalz oder Fleur de Sel zum Bestreuen

Die beiden Mehlsorten und das Salz in einer Schüssel mischen. Das Milchwasser mit der Hefe und dem Zucker mischen. Die Butter und die Hefe-Milch-Mischung zum Mehl geben und alles zu einem weichen, geschmeidigen Teig kneten. Den Teig zugedeckt etwa 1 Stunde gehen lassen. Dann den Teig auf wenig Mehl 2½ cm dick ausrollen. Mit einem Ausstecher Formen nach Belieben ausstechen. Die Brötchen auf ein mit Backpapier belegtes Blech legen und nochmals 10 Minuten gehen lassen.

Den Backofen auf 220 Grad vorheizen. Für die Lauge 2 Esslöffel kochendes Wasser mit dem Natron und dem Kaffeepulver verrühren, bis diese aufgelöst sind. Die Brötchen zweimal damit bestreichen. Die Ofentemperatur auf 200 Grad reduzieren. Die Brötchen in der Mitte des vorgeheizten Ofens 15–20 Minuten backen. Herausnehmen. Die Brötchen sofort mit dem Eiweiß bestreichen und mit Salz bestreuen.

Eine tolle Geschmackskombination ist Laugengebäck mit Butter, Streichkäse oder Kräuterquark (siehe Seite 19) und Bündnerfleisch.

Ich gebe meinen Töchtern gerne weiter, wie viel Spaß Kochen macht. Emma und Emily lieben es, mit dem Nudelholz die Cornflakes zu zerkleinern. Überhaupt können Kinder dieses Rezept fast allein nachkochen – so schmeckt's gleich noch mal so gut.

Crispy Chicken-Nuggets

Für ca. 20 Stück

Für die Nuggets
1 unbehandelte Zitrone
150 g Cornflakes
1 TL Salz
250 ml Buttermilch
4 Hühnerbrüstchen
3–4 EL Olivenöl

Für den Dip

½ Bund Schnittlauch
80 g Mayonnaise
60 g Magerquark

Den Backofen auf 180 Grad vorheizen. Die Zitronenschale fein abreiben und mit den Cornflakes und dem Salz in einen Plastikbeutel geben. Die Cornflakes mit einem Nudelholz zerkleinern.

Die Zitrone auspressen. 1 Teelöffel Saft und die Buttermilch in einen tiefen Teller geben. Die Cornflakes in einen zweiten Teller geben. Die Hühnerbrüstchen in 3 cm große Stücke schneiden und diese erst in der Buttermilch, dann in den Cornflakes wenden und diese etwas andrücken. Die Nuggets auf einem mit Backpapier belegten Blech verteilen, mit Öl beträufeln und in der Mitte des vorgeheizten Ofens 15–20 Minuten backen.

Für den Dip den Schnittlauch grob schneiden und mit der Mayonnaise und dem Quark vermischen.

Spinatspätzle

Für 4 Portionen

200 g tiefgekühlter Blattspinat, aufgetaut
250 g Mehl
50 g Grieß
Salz
3 Eier
1 EL Öl
Butter zum Braten
40 g Parmesan, gerieben

Den Spinat ausdrücken und grob hacken. Das Mehl mit dem Grieß und 1 Teelöffel Salz mischen und in der Mitte eine Mulde formen. Die Eier mit 150 ml Wasser und dem Öl verrühren, in die Mulde gießen und gut untermischen. Den Teig mit einer Holzkelle klopfen, bis er Blasen wirft und glatt ist, dann zugedeckt mindestens 30 Minuten ruhen lassen.

Reichlich Salzwasser in einem Topf aufkochen. Den Teig portionsweise durch ein Spätzlesieb ins leicht siedende Wasser streichen. Sobald die Spätzle an die Oberfläche steigen, mit einer Schaumkelle herausnehmen, abtropfen lassen und in eine Form geben.

Die Butter in einer Bratpfanne schmelzen und die Spätzle kurz darin schwenken. Mit dem geriebenen Parmesan in eine Schüssel schichten.

Statt Spinat eignet sich auch pürierter Kürbis für diese Spätzle.

Das ist Emmas Lieblingsrezept!

Gemüse im Pizzateig

Für 16 Stück

1 Beutel Trockenhefe oder
20 g Frischhefe
1 EL frische Rosmarinnadeln
500 g Mehl
1 TL Salz
Olivenöl
1 EL Honig
4 kleine gelbe und grüne Zucchini
2–3 EL Pesto (siehe Seite 28)
Meersalz zum Bestreuen

Die Hefe in 300 ml lauwarmem Wasser auflösen. Den Rosmarin fein hacken. Das Mehl mit dem Salz und dem Rosmarin mischen. Das Hefewasser mit 1 Esslöffel Olivenöl und dem Honig dazugeben und alles zu einem glatten Teig kneten. Zugedeckt 1 Stunde ruhen lassen.

Den Backofen auf 220 Grad vorheizen.
Die Zucchini längs vierteln. Den Teig in 16 Portionen teilen. Die Teigstücke zu langen Strängen formen und mit einem Pinsel mit Pesto bestreichen. Die Stränge um die Zucchinistücke wickeln und auf ein mit Backpapier belegtes Blech legen. Den Teig mit etwas Olivenöl bestreichen und mit Meersalz bestreuen. In der Mitte des vorgeheizten Ofens 15–20 Minuten backen. Herausnehmen und auskühlen lassen.

Nicht nur Zucchini eignen sich für diese Pizzastangen, stattdessen kann man auch Karotten oder Paprikaschoten verwenden.

KINDERLEICHT

Schinkengipfel

Für 16 Stück

250 g Schinken
1 Bund Petersilie
125 g Frischkäse
2 rund ausgewallte Blätterteige
1 Eigelb, verquirlt

Den Backofen auf 220 Grad vorheizen.
Den Schinken und die Petersilie fein hacken und mit dem Frischkäse vermischen. Die beiden Blätterteigkreise jeweils achteln, sodass insgesamt 16 lange Dreiecke entstehen. Je 1 Esslöffel Füllung auf das untere Drittel jedes Dreiecks geben. Den Teig aufrollen, zu Hörnchen formen, die Enden gut zusammendrücken. Auf ein mit Backpapier belegtes Blech legen, mit dem verquirlten Eigelb bestreichen und in der Mitte des vorgeheizten Ofens etwa 20 Minuten backen.

Was tun mit Müsliresten aus der fast aufgebrauchten Packung?
Ein gesundes, leckeres Brötchen! Das ideale Schulbrot und auch auf Reisen immer gern gesehen.

Müslibrötchen

Für 12–16 Stück

- **150 g Joghurt**
- **½ Würfel frische Hefe**
- **1 TL Honig**
- **400 g Mehl Type 812 (Halbweißmehl)**
- **100 g Müslimischung natur mit Rosinen oder Beeren**
- **1 TL Salz**
- **50 g Müslimischung zum Verzieren**
- **Mehl für die Arbeitsfläche**

Den Joghurt mit 150 ml Wasser in einem kleinen Topf erwärmen. Die Hefe und den Honig daruntermischen.

Das Mehl, die Müslimischung und das Salz in einer Schüssel mischen. Die Hefe-Joghurt-Mischung dazugeben und alles zu einem weichen, geschmeidigen Teig kneten. Den Teig zugedeckt etwa 1 Stunde gehen lassen.

Den Backofen auf 200 Grad vorheizen. Ein Backblech mit Backpapier belegen. Den Teig auf wenig Mehl kurz durchkneten, dann in 12–16 Stücke teilen. Die Teigstücke zu Brötchen formen, mit Wasser bestreichen, in der Müslimischung wenden, auf das Blech legen und weitere 10 Minuten gehen lassen. In der Mitte des vorgeheizten Ofens etwa 25 Minuten backen. Herausnehmen und auskühlen lassen.

Ein Vorratsglas mit Gemüsedip zum Mitnehmen kommt immer gut an. Versprochen!

Gemüsedip to go

Für 2 Gläser (à 400 ml)

½ rote Paprikaschote
½ gelbe Paprikaschote
4 Karotten
½ Salatgurke
½ Bund Schnittlauch
½ Bund Petersilie
250 g Magerquark
Salz, Pfeffer aus der Mühle

Das Gemüse in Stäbchen schneiden.
Schnittlauch und Petersilie fein hacken und unter den Quark mischen. Mit Salz und Pfeffer abschmecken. Den Quark in die Gläser verteilen. Die Gemüsestäbchen einfüllen und die Gläser verschließen.

KINDERleicht

Eine Mischung aus Hummus und Karotten ergibt ebenfalls eine sehr gute Dipsauce, siehe folgendes Rezept.

Hummus mit Karotten

Für 4 Portionen

150 g Karotten
1 Dose Kichererbsen (à 240 g)
1 Knoblauchzehe
2 TL Olivenöl
½ TL Salz
2 TL Zitronensaft
2 TL Tahini (Sesampaste)

Die Karotten in Stücke schneiden. Die Kichererbsen abspülen und gut abtropfen lassen. Den Knoblauch fein hacken. Alle Zutaten im Mixer oder Blitzhacker pürieren.

KINDERleicht

Anstelle der Karotten die gleiche Menge Rote Bete (Randen) verwenden.

Zum Dippen eignen sich ganz viele verschiedene Gemüse.

Buttermilch-Dinkelbrötchen

Für 16 Stück

Für den Teig

350 g Dinkelvollkornmehl
350 g Mehl Type 812 (Halbweißmehl)
100 g Salatkerne-Mischung
1 TL Salz
500 ml Buttermilch
1 Würfel frische Hefe

Für den Belag (für 8 Brötchen)

2 kleine Karotten
4–5 Radieschen
½ Bund Schnittlauch
150 g Quark
100 g Frischkäse
Salz, Pfeffer aus der Mühle

Für den Teig die beiden Mehlsorten, zwei Drittel der Salatkerne und das Salz in einer Schüssel mischen. Die Buttermilch erwärmen, die Hefe darin auflösen, zum Mehl gießen und alles zu einem weichen, geschmeidigen Teig kneten. Den Teig zugedeckt 1 Stunde gehen lassen.

Den Backofen auf 180 Grad vorheizen. Den Teig in zwölf Stücke teilen und diese zu Kugeln formen. Die Brötchen mit wenig Wasser bestreichen, in den restlichen Kernen wenden und auf ein mit Backpapier belegtes Blech legen. Die Brötchen in der Mitte des vorgeheizten Ofens 25 Minuten backen. Herausnehmen und auskühlen lassen.

Für den Belag die Karotten und Radieschen in kleine Würfel, den Schnittlauch fein schneiden. Quark und Frischkäse verrühren, das fein gewürfelte Gemüse und den Schnittlauch daruntermischen. Mit Salz und Pfeffer abschmecken.

Die Brötchen quer halbieren. Den Gemüsequark auf den Böden verteilen, die Deckel daraufsetzen.

Sollten Brötchen übrig bleiben,
kann man diese sehr gut einfrieren.

Erdbeer-Minze-Ice-Tea

Für 4 Portionen

1 Bund Pfefferminze | 350 g Erdbeeren | 1 TL Vanillepulver | 2–3 EL Rohzucker | 1–2 EL Zitronensaft | Eiswürfel zum Servieren

1 Liter Wasser in einem Topf aufkochen. Den Topf vom Herd ziehen, die Minze beigeben und 10 Minuten ziehen lassen. Den Tee durch ein Sieb in einen Krug gießen und vollständig auskühlen lassen.

Die Erdbeeren mit Vanillepulver, Zucker und 2 Esslöffeln Wasser in einen Topf geben und aufkochen. Den Topf vom Herd ziehen und die Erdbeeren 10 Minuten ziehen lassen. Den Sud mit den Erdbeeren in ein Sieb gießen. Den Saft auffangen. Die Erdbeeren mit einer Kelle leicht ausdrücken.

Erdbeersaft, Minzetee und Zitronensaft in einem Krug mischen und kühl stellen. Mit Eiswürfeln servieren.

Unterwegs eignen sich Bäche oder Brunnen super, um den Ice-Tea kühl zu stellen.

Wir trinken eigentlich meistens pures Wasser – wenn's aber mal Geschmack haben soll, gibt es selbst gemachten Eistee, den ich nicht mit Zucker, sondern mit Agavendicksaft süße.

Pfirsich-Ice-Tea

Für 4 Portionen

350 g Pfirsiche | 1 Vanilleschote | 4 Beutel Rooibos-Tee | 1–2 EL Zitronensaft | 2–3 EL Agavendicksaft | Eiswürfel zum Servieren

Die Pfirsiche halbieren, entsteinen, in Stücke schneiden und in einen Topf geben. Die Vanilleschote längs aufschneiden, das Mark herauskratzen und zu den Pfirsichen geben. 1 Liter Wasser hinzufügen, alles aufkochen und bei mittlerer Hitze etwa 15 Minuten kochen. Die Teebeutel beigeben und 10 Minuten ziehen lassen.

Die Teebeutel herausnehmen. Den Tee durch ein Sieb gießen und vollständig auskühlen lassen. Mit Zitronensaft abschmecken und mit Agavendicksaft süßen. Mit Eiswürfeln servieren.

TASTES
LIKE
home

Meine gesunde Variante zu dem oft zuckerreichen handelsüblichen Früchtejoghurt.

Zauberjoghurt

Für 4 verschließbare Gläser (à ca. 300 ml)

- 250 g Aprikosen
- 1 EL Rohzucker
- 800 g Naturjoghurt
- Haferflockenstreusel (Rezept Seite 267)

Die Aprikosen halbieren, entsteinen und vierteln. Die Aprikosen mit 100 ml Wasser und dem Zucker aufkochen und ohne Deckel etwa 20 Minuten leicht köcheln lassen. Dann die Aprikosen pürieren und auskühlen lassen.

Das Aprikosenpüree in die Gläser füllen und den Joghurt darauf verteilen. Mit Haferflockenstreuseln garnieren.

Manche Früchte kann man auch ohne Vorkochen pürieren, zum Beispiel Himbeeren und Mango.

KINDERLEICHT

Windräder

Für 12 Stück

500 g Blätterteig
120 g Aprikosenkonfitüre
1 Eigelb
1 EL Milch
2 EL Mandelblättchen
Puderzucker zum Bestäuben

Den Backofen auf 220 Grad vorheizen. Den Blätterteig auf 25 x 42 cm ausrollen und in 12 cm große Quadrate schneiden. Die Quadrate an jeder Ecke diagonal bis zur Mitte einschneiden. Je 1 Teelöffel Konfitüre in die Mitte jedes Quadrats geben. Jede Ecke zur Mitte legen und das Quadrat so zu einem Windrad formen. Das Eigelb mit der Milch verrühren und den Teig damit bestreichen.

Aus dem restlichen Teig kleine Kreise ausstechen und diese auf die Mitte der Windräder setzen. Mit dem restlichen Eigelb bestreichen und mit den Mandeln bestreuen. Die Windräder in der Mitte des vorgeheizten Ofens 10–15 Minuten backen. Herausnehmen, auskühlen lassen und mit Puderzucker bestäuben.

Bei diesem einfachen Rezept können Kinder super mithelfen.

Miniwaffeln

Ergibt je nach Form ca. 24 Stück

4 Eier
1 Prise Salz
150 g Butter, weich
75 g Rohzucker
1 Beutel Vanillezucker
200 g helles Dinkelmehl
Butter, flüssig, fürs Waffeleisen
Puderzucker zum Bestäuben

Die Eier trennen. Das Eiweiß mit dem Salz steif schlagen. Butter, Zucker und Vanillezucker cremig rühren. Das Eigelb und dann das Mehl daruntermischen. Den Eischnee vorsichtig darunterheben.

Das Waffeleisen erhitzen und mit flüssiger Butter ausstreichen. Je 1 Esslöffel Teig in die Vertiefungen geben und 3–5 Minuten zu Waffeln backen. Fortfahren, bis der Teig aufgebraucht ist. Die Waffeln etwas abkühlen lassen und mit Puderzucker bestäuben.

Für Schokoladenwaffeln anstelle von Vanillezucker 50 g Schokoladen- oder Kakaopulver daruntermischen.

Apfelmus

Für 4 Portionen

2 kg Äpfel (zum Kochen geeignete Sorte)
2 EL Zitronensaft
½ TL gemahlener Zimt

Die Äpfel schälen, entkernen und in grobe Stücke schneiden. Mit dem Zitronensaft, dem Zimt und 100 ml Wasser in einen Topf geben. Zugedeckt bei kleiner Hitze 10–15 Minuten sehr weich kochen. Gelegentlich umrühren. Die Äpfel mit dem Stabmixer pürieren.

Anstelle von
Äpfeln
Birnen nehmen
oder beides
mischen.

Süß, aber gesund – der perfekte Snack für unterwegs.

Müsliriegel mit Hagebuttenkonfitüre

Für ca. 16 Stück
Für eine ofenfeste Form von 20 x 30 cm

250 g Vollkornmehl | 250 g feine Haferflocken | 100 g Rohzucker | 1 TL Salz | 200 g Butter, weich | 200 g Hagebuttenkonfitüre

Den Backofen auf 180 Grad vorheizen. Mehl, Haferflocken, Zucker und Salz in einer Schüssel mischen. Die Butter und 4 Esslöffel Wasser daruntermischen, bis eine homogene Masse entstanden ist.

Die Form mit Backpapier auslegen. Die Hälfte der Masse in die Form füllen und gleichmäßig flach drücken. Mit einem Spachtel die Konfitüre gleichmäßig darauf verteilen. Dann die restliche Masse vorsichtig auf der Konfitüre verteilen und mit einem Spachtel fest andrücken. Im Ofen 35–40 Minuten goldbraun backen. Herausnehmen und auskühlen lassen. Aus der Form nehmen und in Riegel schneiden.

Anstatt Hagebutten kann man auch jede andere Konfitüre verwenden.

PAPER LUNCHBAG

APPLE TO GO

Mit einem Eisportionierer lässt sich der Teig super in die Förmchen verteilen.

Blueberry Muffins

Für 12 Stück (Muffinblech mit 12 Mulden)

3 Eier
200 g Rohzucker
1 TL Vanillezucker
100 g Butter
150 g Joghurt
200 g helles Dinkelmehl
2 TL Backpulver
1 Prise Salz
1 unbehandelte Zitrone
350 g Heidelbeeren
60 g Mandeln

Die Eier mit Rohzucker und Vanillezucker schaumig rühren. Die Butter schmelzen und mit dem Joghurt beigeben, alles gut mischen. Mehl, Backpulver und Salz in einer Schüssel mischen. Die Eimasse dazugeben. Die Zitronenschale fein dazureiben und mit den Heidelbeeren vorsichtig unterheben.

Den Backofen auf 180 Grad vorheizen. Die Mulden des Muffinblechs mit Papierförmchen auslegen. Den Teig in die Förmchen verteilen. Die Mandeln grob hacken und darüberstreuen. In der Mitte des vorgeheizten Ofens etwa 15 Minuten backen. Herausnehmen und auskühlen lassen.

KINDERLEICHT

Puffreis-Cake

Für 1 Kastenform (Cakeform) von 24 cm Länge

- 200 g Blockschokolade
- 50 g Honig
- 60 g Butter
- 70 g Puderzucker
- 75 g Cornflakes
- 50 g Puffreis

Die Schokolade fein hacken. Mit Honig, Butter und Puderzucker über einem leicht kochenden Wasserbad schmelzen. Die Cornflakes und den Puffreis in einer großen Schüssel mischen. Die Schokoladenmasse dazugeben und alles gut vermischen.

Die Masse in die mit Backpapier ausgelegte Form füllen, etwas festdrücken und 1 Stunde kühl stellen, dann aus der Form nehmen und in Scheiben schneiden.

KINDERLEICHT

Ein Rezept, bei dem uns die Zubereitung fast noch mehr Spaß macht als die superleckere Schokobanane am Schluss. Naschen erlaubt!

Bananen am Stiel

Statt Bananen kann man viele andere Früchte verwenden, zum Beispiel Erdbeeren, Äpfel oder Ananas.

Für 6 Stück

3 Bananen
1 Packung Kuvertüre (Vollmilch oder zartbitter)
Streudekor nach Belieben

Die Bananen schälen und quer halbieren. Die Bananenhälften jeweils auf ein Holzstäbchen spießen. Die Kuvertüre über einem leicht siedenden Wasserbad schmelzen. Die Bananenspieße hineintauchen, abtropfen lassen und auf ein mit Backpapier belegtes Blech legen. Die Bananen mit Streudekor verzieren und trocknen lassen.

KINDERLEICHT

Haferflocken-Cookies

Ergibt ca. 20 Stück

- 100 g Vollkornmehl
- 250 g feine Haferflocken
- 100 g Korinthen oder Rosinen
- 25 g Sonnenblumenkerne
- 50 g Muscovadozucker
- ½ TL Backpulver
- 100 g Butter, weich
- 1 großes Ei

Den Backofen auf 180 Grad vorheizen. Das Mehl mit allen Zutaten bis einschließlich Backpulver mischen. Die Butter und das Ei beigeben und alles gut verrühren. Mit nassen Händen aus dem Teig etwa 20 kleine Kugeln formen und mit etwas Abstand auf ein mit Backpapier belegtes Blech legen. Die Cookies leicht flach drücken. In der Mitte des vorgeheizten Ofens etwa 10 Minuten backen. Herausnehmen und auskühlen lassen.

Noch schneller geht's, wenn man den Teig in Backpapier zu einer Rolle formt, so kann man von der Teigrolle Scheiben abschneiden und backen.

Schokoladenbrötchen

Für 12 Stück

500 g helles Dinkelmehl
1½ TL Salz
350 ml Milch oder Milch mit Wasser vermischt
20 g frische Hefe
2 EL Rohzucker
50 g Butter, weich
150 g dunkle Schokolade
1 Ei zum Bestreichen

Das Mehl mit dem Salz in einer Schüssel mischen. Die Milch oder das Milchwasser erwärmen. Hefe und Zucker daruntermischen. Die Hefe-Milch-Mischung und die Butter zum Mehl geben und alles zu einem weichen, geschmeidigen Teig kneten. Die Schokolade grob hacken und kurz einkneten. Den Teig zugedeckt 1 Stunde gehen lassen.

Den Backofen auf 200 Grad vorheizen. Den Teig in zwölf Portionen teilen und diese zu Brötchen formen. Mit verquirltem Ei bestreichen und mit einer Schere beliebig einschneiden. In der Mitte des vorgeheizten Ofens 15–20 Minuten backen. Herausnehmen und auskühlen lassen.

Ein tolles Rezept zur Verwertung
von Schokoresten, zum Beispiel
von übrig gebliebenen Osterhasen.

Easy-Peasy-Schokomuffins

Für 12 Stück (Muffinblech mit 12 Mulden)

- **2 Eier**
- **150 g Rohzucker**
- **200 ml Rahm (Sahne)**
- **4 EL Kakaopulver**
- **50 g gemahlene Mandeln**
- **150 g helles Dinkelmehl**
- **2 TL Backpulver**
- **1 Prise Salz**
- **100 g Schokolade**

Die Eier mit dem Rohzucker schaumig rühren. Rahm, Kakaopulver und Mandeln beigeben und alles gut mischen. Mehl, Backpulver und Salz in einer Schüssel mischen. Die Eimasse dazugeben. Die Schokolade grob hacken und vorsichtig unterheben.

Den Backofen auf 180 Grad vorheizen. Die Mulden des Muffinblechs mit Papierförmchen auslegen. Den Teig in die Förmchen füllen. In der Mitte des vorgeheizten Ofens etwa 15 Minuten backen. Herausnehmen und auskühlen lassen.

Vorratsglas, Geburtstagskerze, Partyluftschlange, Luftballon und Muffins, und schon ist der Geburtstag to go fertig. Zündhölzer nicht vergessen!

Für Papa

Schon als Kind habe ich Picknick geliebt, und meine Töchter lieben es heute genauso. Egal, bei welchem Wetter: Draußen zu essen, hat einfach einen ganz eigenen Zauber. Die frische Luft macht Hunger, und unter freiem Himmel schmeckt alles noch besser.
Also, raus geht's!

Gefülltes Pizzabrot

Für 1 Brot

- 500 g Mehl Type 550 (Weißmehl)
- 1 TL Salz
- 1 Beutel Trockenhefe
- 2 EL Olivenöl
- 1 EL Honig
- 4 EL Basilikumpesto (Rezept Seite 28)
- 200 g Parmaschinken
- 200 g Büffelmozzarella
- 150 g Artischockenherzen (aus dem Glas)
- 150 g getrocknete Tomaten
- Salz, Pfeffer aus der Mühle
- Mehl für die Arbeitsfläche

Das Mehl und das Salz in einer Schüssel mischen. Die Hefe in 300 ml lauwarmem Wasser auflösen und mit Olivenöl und Honig zum Mehl geben. Alles zu einem weichen, geschmeidigen Teig kneten. Den Teig zugedeckt 1 Stunde gehen lassen.

Den Teig auf wenig Mehl 1 cm dick zu einem Rechteck ausrollen. Das Pesto mit einem Spachtel darauf verstreichen; dabei rundum einen Rand von 4 cm frei lassen. Den Schinken darauf auslegen. Den Mozzarella grob zerzupfen, die Artischocken abtropfen lassen und beides mit den Tomaten auf dem Schinken verteilen.

Den Teigrand mit Wasser bestreichen. Den Teig von der Längsseite her aufrollen und zu einem Kranz formen. Den Teigkranz auf ein mit Backpapier belegtes Blech legen, mit wenig Mehl bestäuben und abgedeckt nochmals 30 Minuten gehen lassen.

Den Backofen auf 240 Grad vorheizen. Dann die Hitze auf 200 Grad reduzieren und den Pizzakranz in der Mitte des vorgeheizten Ofens 35–40 Minuten backen. Herausnehmen und abkühlen lassen.

Für noch mehr
Aroma 2 Esslöffel
Rosmarin in den
Pizzateig kneten.

Diese Spieße lassen sich sehr gut vorbereiten, und dabei können die Kids gleich mithelfen und selber entscheiden, was sie aufspießen möchten.

Kürbis-Rohschinken-Spieß

Für 6 Stück

200 g Kürbis, geschält gewogen
1 EL Sesamsamen
1 EL Olivenöl
Salz, Pfeffer aus der Mühle
9 Champignons
Olivenöl zum Anbraten
12 getrocknete Tomaten
12 Scheiben roher Schinken

Den Backofen auf 150 Grad vorheizen. Den Kürbis in 2 ½ cm große Würfel schneiden. Sesam und Öl in eine Schüssel geben und den Kürbis darin wenden. Mit Salz und Pfeffer würzen. Die Kürbiswürfel auf einem mit Backpapier belegten Blech verteilen und im vorgeheizten Ofen 20–25 Minuten backen.

Die Champignons putzen und halbieren. Öl in einer Bratpfanne erhitzen und die Champignons darin kurz anbraten. Mit Salz und Pfeffer würzen, herausnehmen und auskühlen lassen.

Kürbiswürfel, Tomaten, Champignons und Schinken abwechselnd auf insgesamt sechs Holzspieße aufspießen.

Cake mit Birne und Roquefort

Für 1 Kastenform (Cakeform) von 24 cm Länge

- 100 g Quark
- 3 Eier
- 200 g Mehl
- 1 Beutel Backpulver
- 2 EL Olivenöl
- 1 unbehandelte Zitrone
- 60 g Walnusskerne
- 1 große Birne
- 150 g Roquefort
- Salz, Pfeffer aus der Mühle
- Fett für die Form
- 1 EL Walnusskerne zum Garnieren

Den Backofen auf 180 Grad vorheizen. Den Quark mit den Eiern verrühren. Das Mehl und das Backpulver in einer Schüssel mischen. Die Quarkmischung und das Öl beigeben, gut mischen. Die Zitronenschale fein dazureiben. Die Walnüsse grob hacken, hinzufügen und alles gut vermischen.

Die Birne schälen, halbieren, entkernen und in Würfel schneiden. Den Roquefort ebenfalls in Würfel schneiden und mit den Birnenwürfeln vorsichtig unter den Teig heben. Mit Salz und Pfeffer abschmecken. Die Form fetten und den Teig einfüllen. Die restlichen Walnüsse grob hacken und auf dem Teig verteilen. Im vorgeheizten Backofen 40–45 Minuten backen.

Hackbraten

Für 1 Kastenform (Cakeform) von 24 cm Länge

1 Zwiebel
1 Knoblauchzehe
Olivenöl zum Dünsten und Braten
800 g Rinderhackfleisch
2 EL Paniermehl
100 g Ricotta
1 Ei
2 TL getrockneter Oregano
2 TL Salz, Pfeffer aus der Mühle
100 g Feta
100 ml Gemüsebouillon
Fett für die Form

Den Backofen auf 200 Grad vorheizen. Die Zwiebel und den Knoblauch fein hacken. Wenig Olivenöl in einer Bratpfanne erhitzen, Zwiebel und Knoblauch darin dünsten. Das Hackfleisch mit der Zwiebelmischung, Paniermehl, Ricotta, Ei, Oregano, Salz und Pfeffer gründlich mischen. Den Feta mit einer Gabel fein zerdrücken und daruntermischen. Den Fleischteig mit den Händen zu einem kompakten länglichen Laib formen.

Den Hackbraten in einer Bratpfanne rundum kurz und kräftig anbraten, herausnehmen und in die gefettete Form legen. Die Bouillon darübergießen und in der Mitte des vorgeheizten Ofens etwa 45 Minuten braten.

Es gibt ganz verschiedene
Arten von Pesto, die hier
alle wunderbar passen.
Einfach ausprobieren!
(siehe Seite 28)

Unser Lieblingsbegleiter zu jedem Picknick, ganz einfach zu backen.

Graham-Pesto-Brot

Für 1 Stück

500 g Grahammehl
1 TL Salz
½ TL Pfeffer aus der Mühle
150 ml Buttermilch
1 Beutel Trockenhefe oder 20 g frische Hefe
1 EL Olivenöl
1 EL Honig
4 EL Rucolapesto (Rezept Seite 28)
2 EL Walnusskerne
Mehl für die Arbeitsfläche

Mehl, Salz und Pfeffer in einer Schüssel mischen. Die Buttermilch mit 125 ml Wasser mischen. Die Hefe darin auflösen und mit Olivenöl und Honig zum Mehl geben. Alles zu einem geschmeidigen Teig kneten und diesen zugedeckt etwa 1 Stunde gehen lassen.

Den Teig auf wenig Mehl zu einem Rechteck von 30 x 40 cm ausrollen. Das Pesto darauf verstreichen; dabei rundum einen Rand von ungefähr 2 cm frei lassen. Die Walnüsse grob hacken und daraufstreuen. Den Teig aufrollen und die Rolle längs halbieren. Die Hälften so miteinander verschlingen, dass die Schnittflächen nach oben liegen. Den Teig auf ein mit Backpapier belegtes Blech legen und nochmals etwa 30 Minuten gehen lassen.

Den Backofen auf 180 Grad vorheizen. Das Brot im vorgeheizten Ofen etwa 40 Minuten backen. Herausnehmen und auf einem Gitter auskühlen lassen.

BRING YOUR
OWN WEATHER
to the
PIC
NIC

Ricotta-Cake

Für 1 Kastenform (Cakeform) von 24 cm Länge

600 g gemischtes Gemüse (Karotten, Zucchini, Champignons)
2 Frühlingszwiebeln
1 EL Olivenöl
100 g Pecorino
300 g Ricotta
4 große Eier
½ Bund Zitronenthymian
Salz, Pfeffer aus der Mühle

Die Form mit Backpapier auslegen. Den Backofen auf 180 Grad vorheizen.

Das Gemüse in 1 cm große Würfel, die Frühlingszwiebeln in Ringe schneiden. Das Öl in einer Bratpfanne erhitzen. Die Frühlingszwiebeln darin etwa 3 Minuten andünsten, das Gemüse beigeben und rund 5 Minuten weiterdünsten. Auskühlen lassen.

Den Pecorino grob reiben und mit dem Ricotta und den Eiern mischen. Die Thymianblätter abzupfen und dazugeben. Die Ricottamasse mit Salz und Pfeffer abschmecken. Das Gemüse daruntermischen. Die Masse in die vorbereitete Form geben und in der Mitte des vorgeheizten Ofens 50–60 Minuten backen. Herausnehmen und etwa 10 Minuten abkühlen lassen. Den Kuchen stürzen und auf einem Gitter vollständig auskühlen lassen.

Ein Brot zum Zulangen: Hier greift einfach jeder zu und bricht sich seinen Teil ab. Wie die Äffchen eben.

Monkeybrot mit Kräutern

Für 1 Gugelhupfform von 22 cm Durchmesser

100 ml Milch
20 g frische Hefe
500 g helles Dinkelmehl
1 TL Salz
80 g Butter, flüssig
2 EL getrocknete italienische Kräuter
½ TL Fleur de Sel
Fett für die Form

Die Milch mit 200 ml Wasser mischen und die Hefe darin auflösen. Das Mehl und das Salz beigeben und alles zu einem geschmeidigen Teig kneten. Den Teig zugedeckt 1 Stunde gehen lassen.

Den Backofen auf 180 Grad vorheizen. Die flüssige Butter mit den Kräutern und dem Fleur de Sel in einer Schüssel verrühren. Den Teig in kleine Portionen teilen und diese zu Kugeln formen. Die Teigkugeln in der Butter-Kräuter-Mischung wenden und nacheinander in die gefettete Form setzen. In der Mitte des vorgeheizten Ofens 35–40 Minuten backen. 10 Minuten auskühlen lassen, dann das Brot aus der Form stürzen. Für den Transport das Monkeybrot wieder in die Form setzen.

In unserem Urlaub in der Camargue bekamen wir jeden Morgen eine Fougasse im Leinenbeutel an die Tür gehängt. Seither mache ich immer dann eine Fougasse, wenn uns das Fernweh nach Frankreich packt.

Fougasse mit Kartoffeln

Ergibt 2 Stück

20 g frische Hefe
½ Bund Majoran und Thymian
400 g Kartoffeln, gekocht
1 EL Salz
500 g Mehl Type 812 (Halbweißmehl)
3 EL Oliven, entsteint
Mehl für die Arbeitsfläche
Olivenöl zum Bestreichen
grobes Meersalz zum Bestreuen
Thymian oder Majoran zum Bestreuen

Die Hefe in 350 ml lauwarmem Wasser auflösen. Die Kräuter fein hacken und dazugeben. Die Kartoffeln mit einem Kartoffelstampfer grob zerstampfen und mit Salz, Mehl und Oliven ebenfalls dazugeben. Alles zu einem glatten Teig kneten. Den Teig mit einem Küchentuch bedeckt etwa 1½ Stunden gehen lassen.

Den Backofen auf 220 Grad vorheizen. Den Teig nochmals kurz durchkneten, dann halbieren. Die beiden Teigstücke auf der bemehlten Arbeitsfläche zu 2 cm dicken, ovalen Fladen ausrollen und auf ein mit Backpapier belegtes Blech legen. Mehrmals schräg einschneiden und leicht auseinanderziehen (Blattmuster). Die Brote nochmals ungefähr 20 Minuten gehen lassen. Mit Olivenöl bestreichen und mit Meersalz und Thymian oder Majoran bestreuen. In der unteren Hälfte des Backofens 20–25 Minuten backen.

Swiss Pie

Ein englischer Pie aus hochwertigen, lokalen Produkten – deshalb nennen wir ihn »Swiss Pie«. Den gibt's bei uns oft zum Nationalfeiertag am 1. August.

Für 1 Pieform oder ein tiefes Kuchenblech von 24 cm Durchmesser

3 Hühnerbrüstchen
Salz, Pfeffer aus der Mühle
Olivenöl zum Braten
60 g tiefgekühlte Erbsen
120 g braune Champignons
1 Bund Petersilie
400 g Kalbsbrät
1 TL getrockneter Thymian
50 ml Halbrahm (fettreduzierte Sahne)
2 EL Panko-Paniermehl
2 rund ausgewallte Blätterteige
Fett für die Form
1 Eigelb zum Bestreichen

Die Hühnerbrüstchen in Würfel schneiden, salzen und pfeffern. Das Öl in einer Bratpfanne erhitzen und die Hühnerwürfel darin rundum 1 Minute anbraten. Auskühlen lassen.

Die Erbsen auftauen. Die Champignons vierteln und in wenig Olivenöl kurz anbraten. Die Petersilie hacken und mit Brät, Champignons, Erbsen, Thymian und dem Halbrahm mischen. Mit Salz und Pfeffer abschmecken. Das Panko zur Brätmischung geben und gut untermischen.

Den Backofen auf 200 Grad vorheizen. Die Pieform fetten, mit einem der Blätterteige auslegen und die Brätmasse darauf verteilen. Den zweiten Teig für den Deckel etwa 24 cm groß zuschneiden und auf die Brätmasse legen. Mit dem verquirlten Eigelb bestreichen. Einen Rand nach innen klappen und ebenfalls mit Eigelb bestreichen. Aus dem restlichen Teig Kreise ausstechen und den Pie damit verzieren. Den Pie nochmals mit Eigelb bestreichen. In der Mitte ein Loch ausstechen, damit der Dampf entweichen kann. In der Mitte des vorgeheizten Ofens 40–45 Minuten goldbraun backen. Auskühlen lassen, aus der Form nehmen.

Quiche mit Roter Bete und Ziegenkäse

Für 1 Quicheform von 24 cm Durchmesser

Für den Teig

200 g Mehl Type 812 (Halbweißmehl)
½ TL Salz
75 g Butter
Mehl für die Arbeitsfläche
Fett für die Form

Für Belag und Guss

1 EL Paniermehl
750 g Rote Bete (Randen), gekocht
150 g Ziegenweichkäse
3 Zweige Thymian
150 ml Milch
150 ml Rahm (Sahne)
4 Eier
Salz, Pfeffer aus der Mühle, frisch geriebene Muskatnuss

Für den Teig das Mehl mit dem Salz mischen. Die Butter in kleinen Stücken dazugeben und mit den Händen verkneten. 100 ml kaltes Wasser beigeben und alles rasch zu einem Teig zusammenfügen. Den Teig zu einer Kugel formen und, mit Klarsichtfolie bedeckt, im Kühlschrank 30 Minuten ruhen lassen.

Den Backofen auf 220 Grad vorheizen. Den Teig auf wenig Mehl 3 mm dick ausrollen und die gefettete Quicheform damit auslegen. Den Teigboden einstechen und das Paniermehl darauf verteilen.

Die Roten Beten schälen und in 2 cm große Würfel schneiden. Den Käse in 1½ cm dicke Scheiben schneiden. Beides auf dem Teigboden verteilen. Die Thymianblätter abzupfen und darüberstreuen.

Die Milch mit dem Rahm und den Eiern verrühren. Mit Salz, Pfeffer und Muskat abschmecken. Den Guss auf dem Teigboden verteilen. In der unteren Hälfte des vorgeheizten Ofens 30–35 Minuten backen.

Kräuteromeletten mit Spargel

Für 8 Portionen

200 g Mehl
1 TL Salz
200 ml Milch
4 Eier
½ Bund Petersilie
½ Bund Schnittlauch
1 Bund Wildspargel (ca. 500 g)
1 EL Olivenöl
Salz, Pfeffer aus der Mühle
Bratbutter zum Braten
200 g Frischkäse

Das Mehl und das Salz in eine Schüssel geben. Die Milch und die Eier vermischen und zum Mehl gießen. Alles mit einem Schwingbesen gut verrühren. Petersilie und Schnittlauch fein hacken und darunter-mischen. Den Teig 30 Minuten ruhen lassen.

Das Olivenöl in einer Bratpfanne erhitzen und den Spargel darin 5 Minuten rührbraten. Mit Salz und Pfeffer würzen, auskühlen lassen.

Bratbutter in einer Bratpfanne erhitzen. Den Teig mit einer Schöpf-kelle portionsweise hineingeben und gleichmäßig verteilen.
Bei mittlerer Hitze beidseitig goldbraun backen. Die Omeletten mit Frischkäse bestreichen, mit Spargel belegen und einrollen. Für den Transport in Backpapier einrollen und halbieren.

HERVA
STARKGLAS SPEZIAL

Cake mit Lachs und Gruyère

Für 1 Kastenform (Cakeform) von 24 cm Länge

160 g helles Dinkelmehl | 1 Beutel Backpulver | 100 g Joghurt | 3 Eier | 100 ml Olivenöl | 120 g Gruyère | 150 g geräucherter Lachs am Stück | 1 Bund Dill | 1 unbehandelte Zitrone | 1 TL Fenchelsamen | Salz, Pfeffer aus der Mühle | Fett für die Form

Den Backofen auf 180 Grad vorheizen. Das Mehl und das Backpulver in eine Schüssel geben. Den Joghurt mit den Eiern verquirlen, mit dem Öl zum Mehl geben und gut mischen. Den Gruyère grob reiben und beigeben. Den Lachs in Stücke zupfen. Den Dill nicht zu fein hacken. Die Zitronenschale fein abreiben. Die Fenchelsamen zerstoßen. Alles zum Teig geben und gut mischen. Den Teig mit Salz und Pfeffer abschmecken und in die gefettete Form füllen. In der Mitte des vorgeheizten Ofens 50–55 Minuten backen.

Dieser Kuchen schmeckt unvergleichlich nach Sommer und ist kinderleicht, denn er wird mit dem einfachsten Mürbeteig der Welt gemacht.

Blaubeerkuchen

Für 1 Kuchenform von 28 cm Durchmesser

250 g Mehl
175 g weiche Butter
60 g Zucker
1 Prise Salz
300 g Heidelbeeren
1 EL Rohzucker
1 TL Vanillezucker
Fett für die Form

Mehl, Butter, Zucker, Salz und 2 Esslöffel Wasser zu einem weichen Teig kneten. Zwei Drittel des Teigs in die gefettete Form legen und flach drücken. Den restlichen Teig zu einer Rolle formen, am Formenrand entlang auf den Teigboden legen und zu einem Rand hochdrücken. Mit einer Gabel dicht den Teig einstechen. Den Teig etwa 30 Minuten kühl stellen.

Den Backofen auf 200 Grad vorheizen. Die Heidelbeeren mit Rohzucker und Vanillezucker mischen und auf dem Teigboden verteilen. Den Kuchen in der Mitte des vorgeheizten Ofens 30–35 Minuten backen. Herausnehmen und auskühlen lassen.

Wir alle lieben Spekulatius. Als ich eine Packung davon im Vorratsschrank fand, die vom Belgien-Urlaub übrig geblieben war, musste ein Rezept dafür her .

Speculoos-Cake

Für 1 Kuchen oder 12 Schnecken
(1 Kasten-/Cakeform von ca. 25 cm Länge)

Für den Teig

300 g helles Dinkelmehl
3 EL Honig
¼ TL Salz
20 g frische Hefe
100 ml lauwarme Sojamilch
1 Ei
30 g Butter, flüssig
Mehl für die Arbeitsfläche

Für die Füllung

150 g Spekulatius
50 g gemahlene Mandeln
1 TL gemahlener Zimt
150 g Crème fraiche

Für die Glasur

4 EL Puderzucker
1 EL Zitronensaft
2 Spekulatius
2 EL Mandeln

Für den Teig Mehl, Honig und Salz in einer großen Schüssel mischen. In die Mitte eine Mulde drücken. Die Hefe in der Sojamilch auflösen und in die Mulde gießen. Das Ei verquirlen und mit der Butter beigeben. Alles zu einem geschmeidigen Teig kneten. Den Teig zu einer Kugel formen und mit einem feuchten Tuch abgedeckt an einem warmen Ort etwa 1 Stunde gehen lassen.

Für die Füllung die Spekulatius in einen Gefrierbeutel geben und mit einem Nudelholz zerdrücken. Zusammen mit Mandeln und Zimt unter die Crème fraîche mischen.

Den Teig auf wenig Mehl zu einem Rechteck von 30 x 40 cm ausrollen. Die Füllung darauf verteilen, dabei rundum einen Rand von 2 cm frei lassen. Den Teig aufrollen. Die Rolle längs halbieren und die Hälften so miteinander verschlingen, dass die Schnittflächen nach oben liegen. Die Form mit Backpapier auslegen. Den Teig in die Form geben und zugedeckt etwa 30 Minuten gehen lassen.

Den Backofen auf 180 Grad vorheizen. Den Kuchen in der Mitte des vorgeheizten Ofens etwa 40 Minuten backen. Herausnehmen und etwas abkühlen lassen. Für die Glasur Puderzucker und Zitronensaft verrühren und den Kuchen damit bestreichen. Spekulatius und Mandeln grob hacken und darüberstreuen. Den Kuchen auf einem Gitter vollständig auskühlen lassen.

Unsere Lieblings-Erdbeertörtchen machen wir direkt neben dem Erdbeerfeld: Törtchenböden und Creme einfach mitnehmen und die Erdbeeren frisch pflücken. Mmmmmh!

Erdbeertörtchen to go

Für 6 Stück (6 Backförmchen à 10 cm Durchmesser)

Für die Törtchenböden
180 g weiche Butter
70 g Zucker
1 Prise Salz
1 Ei
250 g Mehl Type 812 (Halbweißmehl)
Mehl für die Arbeitsfläche
Fett für die Förmchen

Für Creme und Belag
600 ml Milch
1 EL Maisstärke (Maizena)
2 EL gemahlener Rohzucker
1 Beutel Vanillezucker
2 Eier
1 TL Vanillepaste
750 g Erdbeeren
2 Baisers, nach Belieben

Für die Törtchenböden Butter, Zucker und Salz vermischen. Das Ei beigeben und untermischen. Das Mehl und 2 Esslöffel kaltes Wasser dazugeben und alles rasch zu einem Teig verarbeiten. Den Teig zu einer Kugel formen und mit Klarsichtfolie bedeckt im Kühlschrank etwa 30 Minuten kühl stellen.

Den Backofen auf 200 Grad vorheizen. Den Teig auf wenig Mehl 3 mm dünn ausrollen und daraus sechs Kreise à 12 cm Durchmesser ausschneiden. Die Teigkreise in die gefetteten Backförmchen legen, andrücken und den überstehenden Rand abschneiden. Die Teigböden mit einer Gabel dicht einstechen und im vorgeheizten Ofen 20–25 Minuten backen. Herausnehmen und auskühlen lassen.

Für die Vanillecreme die Milch mit der Maisstärke in einem Topf verrühren. Rohzucker, Vanillezucker, Eier und Vanillepaste dazugeben und alles gut vermischen. Unter ständigem Rühren zum Kochen bringen. Den Topf vom Herd ziehen und die Creme durch ein Sieb in eine Schüssel gießen. Die Creme, direkt mit Klarsichtfolie abgedeckt, mindestens 2 Stunden kühl stellen.

Die Erdbeeren vierteln. Die Törtchenböden mit Vanillecreme und Erdbeeren belegen. Nach Belieben Baisers darüberbröseln.

Für 1 Kuchenform von 20 cm Durchmesser

- 3 Äpfel
- 2 TL gemahlener Zimt
- 150 g gemahlener Rohzucker
- 125 g Butter, weich
- 1 TL Vanilleextrakt
- 2 Eier
- 180 g Dinkelmehl
- Fett für die Form

Die Äpfel schälen, halbieren, entkernen und in Würfel schneiden. Den Zimt mit 2 Esslöffeln Zucker mischen und beiseitestellen.

Den restlichen Zucker, die Butter und den Vanilleextrakt gut verrühren. Die Eier nacheinander beigeben und gründlich unterrühren. Das Mehl dazugeben und alles zu einem homogenen Teig mischen.

Den Backofen auf 180 Grad vorheizen. Die Äpfel mit zwei Dritteln des beiseitegestellten Zimtzuckers mischen. Die Hälfte der Apfelwürfel in die gefettete Form verteilen. Den Teig darauf verteilen. Die restlichen Äpfel auf dem Teig verteilen und mit dem restlichen Zimtzucker bestreuen. In der Mitte des vorgeheizten Ofens 35–40 Minuten backen. Herausnehmen und auskühlen lassen.

Apfel-
Zimt-
Kuchen

CAKE BAG

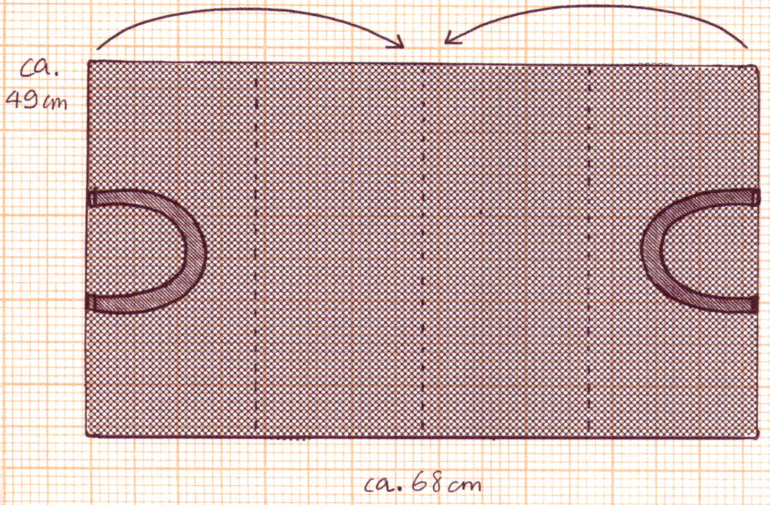

1

Zwei Bänder (ca. 34 x 3 cm) für den Henkel annähen.

2

Die beiden äusseren Viertel bis zur Mitte einschlagen.

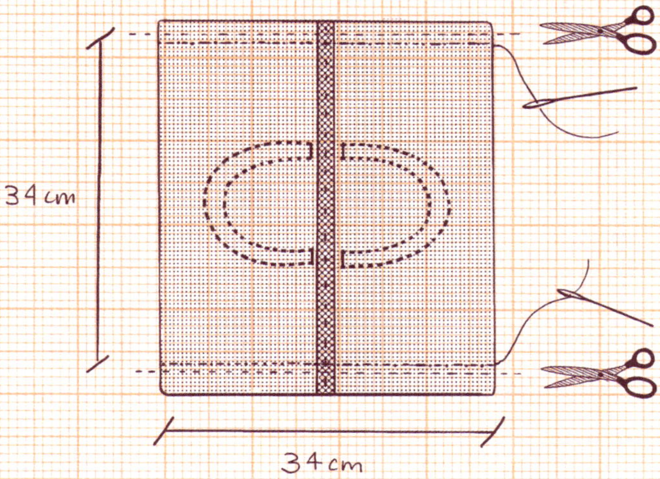

3

Oben und unten zusammennähen, sodass die Tasche 34 x 34 cm misst. Überstehendes abschneiden und mit Zickzacknaht vernähen.

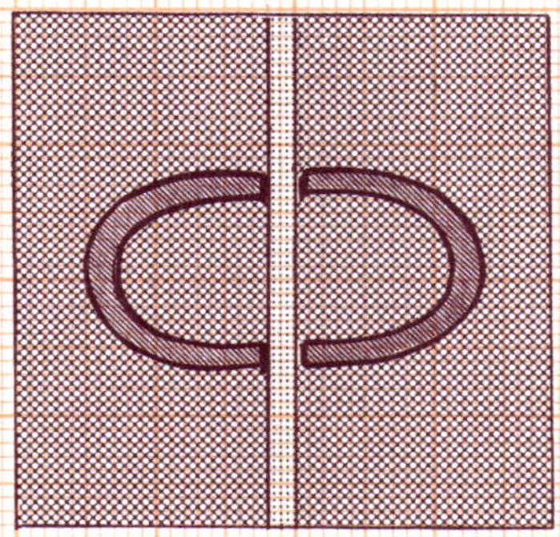

4

Umkehren.

Mirabellenkuchen mit Mandelmilch

Für eine Wähenform von ca. 28 cm Durchmesser

Für den Teig

200 g helles Dinkelmehl
½ TL Salz
75 g kalte Butter
Mehl für die Arbeitsfläche
Fett für die Form

Für Belag und Guss

3 EL gemahlene Mandeln
750 g Mirabellen
2 Eier
2 EL Rohzucker
250 ml Mandelmilch
50 ml Rahm (Sahne)
Puderzucker zum Bestäuben

Für den Teig das Mehl und das Salz in eine Schüssel geben. Die Butter in Flocken beigeben. Die Butter und das Mehl zwischen den Fingern fein reiben. Eine Mulde bilden. 100 ml Wasser dazugießen und alles rasch zu einem Teig verkneten. Den Teig in Klarsichtfolie einwickeln und etwa 30 Minuten kühl stellen.

Den Teig auf wenig Mehl 3 mm dünn rund ausrollen und in die gefettete Form legen. Den überstehenden Rand nach innen falten und andrücken. Den Teigboden mit einer Gabel dicht einstechen und mit den gemahlenen Mandeln bestreuen. Den Backofen auf 220 Grad vorheizen. Die Mirabellen halbieren, entsteinen und mit der Schnittfläche nach oben auf den Teig legen.

Für den Guss Eier, Rohzucker, Mandelmilch und Rahm gut verrühren und über die Mirabellen gießen. In der unteren Hälfte des vorgeheizten Ofens etwa 40 Minuten backen. Herausnehmen und auskühlen lassen. Mit Puderzucker bestäuben.

UNTER freiem Himmel

Ist der Teig zu trocken, kann man ihn mit etwas Wasser befeuchten. Ist er zu feucht, etwas Mehl einarbeiten.

Statt frischer Himbeeren kann man auch gut
Tiefkühlhimbeeren verwenden.

Himbeer-Quark-Gugelhupf

Für 1 Gugelhupfform von ca. 2 Liter Inhalt

- 200 g weiche Butter
- 250 g Rohzucker
- 1 Beutel Vanillezucker
- 4 Eier
- 300 g Halbfettquark
- 100 g Crème fraiche
- 350 g helles Dinkelmehl
- 50 g Maisstärke (Maizena)
- 15 g Backpulver
- 200 g Himbeeren
- Fett und Mehl für die Form
- Puderzucker zum Bestäuben

Butter, Zucker und Vanillezucker schaumig rühren. Erst die Eier nacheinander, dann Quark und Crème fraîche dazugeben und unterrühren.

Den Backofen auf 180 Grad vorheizen. Mehl, Maisstärke und Backpulver mischen und unter die Quark-Ei-Masse rühren. Die Himbeeren vorsichtig unterheben.

Die Form fetten, mit Mehl ausstäuben und den Teig einfüllen. In der Mitte des Ofens 50–60 Minuten backen. Herausnehmen und etwa 10 Minuten abkühlen lassen. Den Gugelhupf auf ein Gitter stürzen und vollständig auskühlen lassen. Dann mit Puderzucker bestäuben.

Zitronen-Joghurt-Cake

Dieser Zitronencake ist im Kühlschrank 3 Tage haltbar, lässt sich also super vorbereiten.

Für 1 Kastenform (Cakeform) von ca. 25 cm Länge

100 g weiche Butter | 150 g Puderzucker | 1 Prise Salz | 180 g griechischer Joghurt | 2 EL Mohn | 3 unbehandelte Zitronen | 3 Eier | 200 g helles Dinkelmehl | 1½ TL Backpulver | Fett für die Form | 100 g Puderzucker

Den Backofen auf 180 Grad vorheizen. Die Butter mit Puderzucker und Salz schaumig rühren. Joghurt und Mohn daruntermischen. Die Schale von 2 Zitronen fein dazueiben. Die Eier nacheinander unterrühren.

Mehl und Backpulver mischen und unter die Joghurtmasse rühren. Den Teig in die gefettete Form füllen. In der Mitte des Ofens 50–55 Minuten backen.

Inzwischen alle Zitronen auspressen. Den Saft mit dem Puderzucker glatt rühren. Den Kuchen aus dem Ofen nehmen und etwas abkühlen lassen, dann mit einem Holzspießchen mehrmals einstechen.
Den Guss über den Kuchen gießen und einziehen lassen. Den Kuchen aus der Form nehmen und auf einem Gitter vollständig auskühlen lassen.

Joghurtcreme mit Früchten

Für 4 Portionen

12 getrocknete kleine Feigen
250 g Trauben
2 Orangen
1 unbehandelte Zitrone
2 EL Honig oder Agavendicksaft
500 g griechischer Joghurt
100 ml Rahm (Sahne)
2 EL Rosinen
1 EL Muscovadozucker

Die Feigen etwa 3 Stunden in kaltem Wasser einweichen.

Die Trauben halbieren. Die Orangen schälen, vierteln und in Scheiben schneiden. Die Zitronenschale fein abreiben, den Saft auspressen. Den Zitronenabrieb und den Honig oder Agavendicksaft unter den Joghurt mischen. Den Rahm steif schlagen und sorgfältig darunterziehen. Die Creme kühl stellen.

Die Feigen abgießen, gut abtropfen lassen und vierteln. Feigen, Früchte, Zitronensaft, Rosinen und Zucker mischen und etwa 30 Minuten kühl stellen. Die Creme in Schalen geben und den Fruchtsalat darauf verteilen.

Karottenkuchen kann man nicht nur
aufbewahren, man soll es sogar!
Denn er schmeckt nach 2 Tagen am besten.

Diese Aargauer Spezialität mögen einfach alle, ob Groß oder Klein. Durch die Mandeln bekommt der Kuchen mehr Biss, was ich sehr mag.

Karottenkuchen mit Mandeln

Für 1 Springform von ca. 20 cm Durchmesser

- 4 Eier
- 1 Prise Salz
- 150 g Honig
- 400 g Karotten
- 1 unbehandelte Zitrone
- 100 g Mandeln
- 250 g Dinkelvollkornmehl
- 150 g gemahlene Mandeln
- 2 TL Backpulver
- 1 TL gemahlener Zimt
- Fett für die Form

Für den Guss

- 250 g Puderzucker
- 1 Eiweiß
- 4 EL Mandeln für die Garnitur

Die Eier trennen. Die Eiweiße mit dem Salz steif schlagen. Die Eigelbe mit dem Honig schaumig rühren. Die Karotten fein reiben. Die Zitronenschale fein abreiben. Die Mandeln grob hacken. Karotten, Mehl, die gemahlenen und die gehackten Mandeln, Backpulver, Zitronenabrieb und Zimt mischen. Die Eigelb-Honig-Masse darunterziehen, den Eischnee vorsichtig unterheben.

Den Backofen auf 180 Grad vorheizen. Den Boden der Form mit Backpapier auslegen, den Rand fetten und den Teig einfüllen. In der unteren Hälfte des vorgeheizten Ofens 50–55 Minuten backen. Herausnehmen, etwas abkühlen lassen, dann aus der Form nehmen und auf einem Gitter auskühlen lassen.

Für den Guss den Puderzucker und das Eiweiß mit dem Handrührgerät oder in der Küchenmaschine 10 Minuten schaumig rühren. Die Glasur mit einem Spachtel auf der Torte verteilen. Die Mandeln grob hacken und den Kuchen damit garnieren.

Zum sicheren Transportieren
einen Tortencarrier
verwenden.

Cheesecake mit Spekulatius

Für 1 Springform von ca. 24 cm Durchmesser

300 g Spekulatius | 150 g Butter | 600 g Frischkäse | 250 g Quark | 80 g gemahlener Rohzucker | 80 g Maisstärke (Maizena) | 1 Päckchen Vanillezucker | 3 Eier | Spekulatius zum Garnieren

Die Spekulatius in einen Gefrierbeutel geben und mit einem Nudelholz zerdrücken. Die Butter in einem Topf schmelzen und die zerkleinerten Spekulatius daruntermischen. Den Boden der Form mit Backpapier auslegen. Die Spekulatiusmasse darauf verteilen und andrücken. 30 Minuten kühl stellen.

Den Backofen auf 175 Grad vorheizen. Frischkäse und Quark mischen. Zucker, Maisstärke und Vanillezucker daruntermischen. Die Eier nach und nach unterrühren. Die Masse auf den Teigboden gießen. In der Mitte des vorgeheizten Ofens etwa 40 Minuten backen. Den Backofen ausschalten und den Cheesecake 30 Minuten im Ofen ruhen lassen. Herausnehmen und auskühlen lassen. Den Cheesecake im Kühlschrank aufbewahren. Vor dem Servieren mit zerkrümelten Spekulatius garnieren.

HEISSES für kalte TAGE

Ich liebe Suppen mit Substanz. Mit Biss. Mit Nudeln, knackigem Gemüse, Croûtons oder einfach einem Stück richtig gutem Brot. So wird das Löffeln von Suppe nie langweilig. Außerdem toll: Suppenrezepte sind alles andere als in Stein gemeißelt! Die Zutaten lassen sich ganz easy variieren – egal, ob man nach Vorlieben geht oder einfach nach dem, was noch in der Gemüseschublade liegt. Da kann man eigentlich nichts falsch machen.

Karottensuppe mit Kokosmilch

Anstelle von Koriander kann man auch Kerbel oder andere Kräuter verwenden.

Für 4 Portionen

600 g Karotten
1 Zwiebel
2 Knoblauchzehen
2 EL Kokosfett
1 TL rote Currypaste
1 l Gemüsebouillon
300 ml Kokosmilch
Salz, Pfeffer aus der Mühle
1 Handvoll Kokoschips
2 EL frisch gehackter Koriander

Die Karotten und die Zwiebel in grobe Stücke schneiden. Den Knoblauch grob hacken. Das Kokosfett in einem Topf erwärmen, Karotten, Zwiebel und Knoblauch mit der Currypaste darin etwa 5 Minuten andämpfen, die Bouillon dazugießen und aufkochen. Die Hitze reduzieren und die Suppe zugedeckt etwa 20 Minuten köcheln lassen, bis das Gemüse weich ist.

Die Suppe mit dem Pürierstab pürieren. Die Kokosmilch dazugießen, mit Salz und Pfeffer abschmecken und nochmals kurz erwärmen. Die Kokoschips in einer Bratpfanne rösten. Den Koriander grob schneiden und mit den Kokoschips über die Suppe streuen.

Eine gute Gulaschsuppe braucht zwar etwas Zeit, die ist sie aber hundertmal wert. Comfort Food schlechthin! Und der Clou: Gulasch wird mit jedem Aufwärmen noch einen Tick besser.

Gulaschsuppe

Für 4 Portionen

250 g festkochende Kartoffeln
250 g Pfälzer Karotten
150 g Knollensellerie
1 große rote Zwiebel
2 Knoblauchzehen
2 EL Olivenöl
650 g Rindsragout
1 EL scharfes Paprikapulver
300 ml pürierte Tomaten aus Glas oder Tetrapack
800 ml Rindsbouillon
100 ml Rotwein
1 TL Salz, Pfeffer aus der Mühle
½ TL Kümmel
3 Zweige Thymian oder Majoran
1 unbehandelte Zitrone
90 g Crème fraîche

Kartoffeln, Karotten und Sellerie schälen und in Würfel schneiden. Zwiebel und Knoblauch hacken. Das Öl in einem Bräter erhitzen. Das Fleisch darin anbraten, herausnehmen und zugedeckt beiseitestellen. Nun Zwiebel und Knoblauch im Bräter andünsten. Das Gemüse beigeben und mitdünsten. Das Paprikapulver dazugeben. Mit Tomatensauce, Bouillon und Wein ablöschen. Das Fleisch beigeben und alles mischen. Mit Salz und Pfeffer würzen. Die Hitze reduzieren und alles zugedeckt bei kleiner Hitze 1½ Stunden kochen lassen. Nach 1 Stunde den Kümmel beigeben.

Die Kräuterblättchen abzupfen, die Zitronenschale fein abreiben und beides mit der Crème fraîche mischen. Mit Salz und Pfeffer abschmecken. Die Suppe anrichten und mit Crème fraîche garnieren.

Die Crème fraîche in einem kleinen Vorratsglas mitnehmen und kurz vor dem Verzehr in die Suppe geben.

Minestrone

Für 8 Portionen

2 mittlere Zwiebeln
1 kg gemischtes Gemüse (Karotten, Sellerie, festkochende Kartoffeln)
Olivenöl
400 ml pürierte Tomaten aus Glas oder Tetrapack
1 Dose Borlottibohnen (290 g)
1 Gemüsebouillonwürfel
200 g tiefgekühlte Erbsen
200 g Teigwaren
Salz, Pfeffer aus der Mühle nach Belieben
50 g Parmesan, gerieben

Die Zwiebeln hacken. Das Gemüse in 1 cm große Würfel schneiden. 2 Esslöffel Öl in einem großen Topf erhitzen und das Gemüse darin 10 Minuten andünsten. Die pürierten Tomaten beigeben. Die Bohnen kalt abspülen, abtropfen und ebenfalls dazugeben. 1 ½ Liter Wasser und den Bouillonwürfel beigeben und zum Kochen bringen. Die Hitze reduzieren und alles etwa 30 Minuten kochen lassen. Die Erbsen und die Teigwaren beigeben und noch etwa 10 Minuten mitkochen lassen. Die Suppe mit Öl und nach Bedarf Salz und Pfeffer abschmecken. Den Parmesan darüberstreuen.

Ideal zur Resteverwertung von Pasta!

Kürbissuppe mit Parmesan-Croûtons

Lecker sind zu dieser Suppe Wiener Würstchen. In einer Thermoskanne mit heißem Wasser kann man sie supergut mitnehmen.

Für ca. 4 Portionen

1 Butternusskürbis (ca.1 kg)
2 Zweige Rosmarin
2 EL Kürbiskernöl
1 cm frischer Ingwer
400 ml Kokosmilch
Salz, Pfeffer aus der Mühle
3 Scheiben Brot vom Vortag
2 EL Olivenöl
30 g Parmesan, gerieben
1 EL Kürbiskerne
4 EL Crème fraîche

Den Backofen auf 200 Grad vorheizen. Den Kürbis schälen und die Kerne entfernen. Den Kürbis in Würfel schneiden und in eine ofenfeste Form geben. Die Rosmarinnadeln abzupfen, mit dem Kürbiskernöl zum Kürbis geben und gut vermischen. Den Kürbis in der Mitte des vorgeheizten Ofens 25–30 Minuten backen, herausnehmen und abkühlen lassen. Die Backofentemperatur auf 180 Grad reduzieren.

Den Ingwer fein reiben und mit dem Kürbisfleisch in einen großen Topf geben. Die Kokosmilch und 250 ml Wasser dazugießen. Alles mit dem Stabmixer pürieren. Mit Salz und Pfeffer abschmecken. Die Suppe nochmals erwärmen.

Das Brot in Würfel schneiden. Mit Öl, Parmesan und Kürbiskernen mischen und auf einem mit Backpapier belegten Blech verteilen. Die Croûtons im Ofen etwa 20 Minuten backen. Die Suppe anrichten, mit der Crème fraîche und den Croûtons garnieren.

SUPPENSTRUMPF

1

→ Die Socke knapp über der Ferse abschneiden.

2

→ Rundherum im Zickzackstich nähen.

Gebackene Tomatensuppe

Perfekt dazu passen Focaccia-Croûtons mit Oregano (Rezept Seite 259)

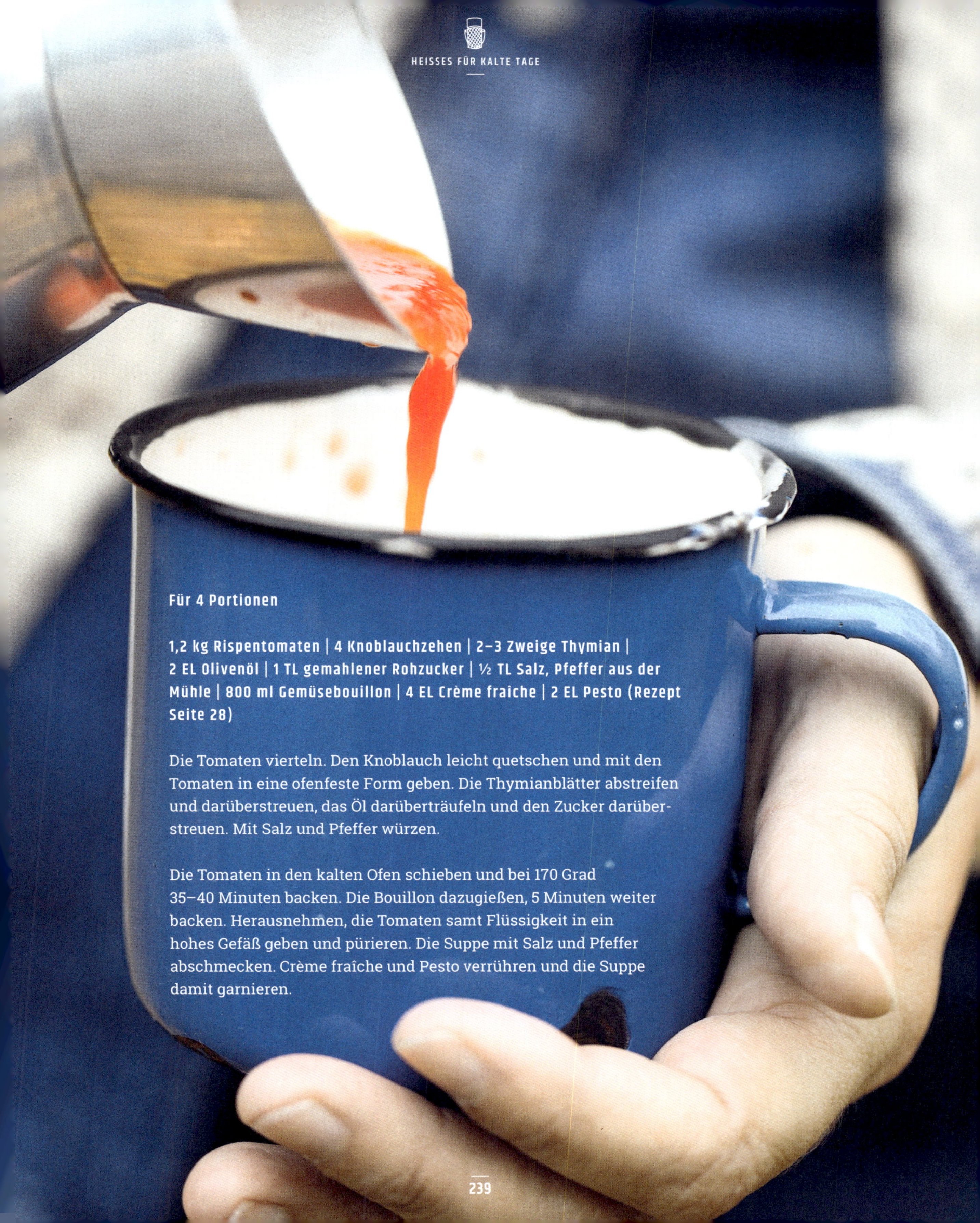

Für 4 Portionen

1,2 kg Rispentomaten | 4 Knoblauchzehen | 2–3 Zweige Thymian | 2 EL Olivenöl | 1 TL gemahlener Rohzucker | ½ TL Salz, Pfeffer aus der Mühle | 800 ml Gemüsebouillon | 4 EL Crème fraîche | 2 EL Pesto (Rezept Seite 28)

Die Tomaten vierteln. Den Knoblauch leicht quetschen und mit den Tomaten in eine ofenfeste Form geben. Die Thymianblätter abstreifen und darüberstreuen, das Öl darüberträufeln und den Zucker darüberstreuen. Mit Salz und Pfeffer würzen.

Die Tomaten in den kalten Ofen schieben und bei 170 Grad 35–40 Minuten backen. Die Bouillon dazugießen, 5 Minuten weiter backen. Herausnehmen, die Tomaten samt Flüssigkeit in ein hohes Gefäß geben und pürieren. Die Suppe mit Salz und Pfeffer abschmecken. Crème fraîche und Pesto verrühren und die Suppe damit garnieren.

Zusätzlich kann Fenchelgrün zum Garnieren verwendet werden.

Fenchelsuppe mit Croûtons

Für 4 Portionen

2 Zwiebeln
2 Knoblauchzehen
3 Fenchelknollen
1 Dose Cannellinibohnen (400 g)
2 EL Olivenöl
1 l Gemüsebouillon
Salz, Pfeffer aus der Mühle
100 g Brot
2 EL Olivenöl
1 TL Fenchelsamen
30 g Parmesan, gerieben
2 EL Crème fraîche
½ TL Chiliflocken

Die Zwiebeln und den Knoblauch fein hacken. Das Fenchelgrün beiseitelegen, die Knollen in Scheiben schneiden. Die Bohnen kalt abspülen und abtropfen lassen. Das Öl in einem Topf erwärmen, Zwiebeln, Knoblauch und Fenchel bei mittlerer Hitze darin andünsten. Die Bohnen beigeben, 2–3 Minuten mitdünsten. Die Bouillon dazugießen, aufkochen. Die Suppe etwa 20 Minuten auf mittlerer Stufe kochen lassen, dann fein pürieren. Mit Salz und Pfeffer abschmecken.

Den Backofen auf 180 Grad vorheizen. Das Brot in Würfel schneiden, auf einem mit Backpapier belegten Blech verteilen und mit Olivenöl beträufeln. Die Fenchelsamen und den Parmesan darüberstreuen. Die Croûtons im Ofen etwa 20 Minuten backen. Die Suppe anrichten, mit Crème fraîche, Chiliflocken und den Croûtons garnieren.

happiness
is
LICKIN' THE SPOON

Pappa al Pomodoro, also Tomaten-Brotsuppe, ist ein italienischer Klassiker. Tomaten, Zucchini … Im Prinzip kann man diese Suppe mit fast jedem Gemüse zubereiten.

Ein tolles Rezept, um übrig gebliebenes Brot aufzubrauchen.

Zucchini-Brotsuppe

Für 4 Portionen

2 Zwiebeln
1 Knoblauchzehe
850 g Zucchini
Olivenöl
½ Bund Thymian
½ Baguette oder Brot vom Vortag
1 l Gemüsebouillon
Salz, Pfeffer aus der Mühle

Die Zwiebeln und den Knoblauch fein hacken. Die Zucchini in Streifen schneiden. 2 Esslöffel Öl in einem beschichteten Topf erhitzen, Zwiebeln und Knoblauch darin kurz andünsten. Die Zucchini beigeben und alles bei mittlerer Hitze etwa 40 Minuten unter Rühren braten. Wenn nötig etwas Wasser beigeben. Die Zucchini sollen richtig verkocht sein und leicht karamellisieren.

Die Thymianblättchen abzupfen. Das Brot in 2 cm große Würfel schneiden. Beides zu den Zucchini geben. Die Bouillon dazugießen, aufkochen und etwa 10 Minuten köcheln lassen. Die Suppe mit wenig Öl, Salz und Pfeffer abschmecken.

Sehr schön passen auf diese Suppe auch angebratene Pilze. In Stücke geschnittene Luganighe oder andere Salsicce in der Suppe geben noch etwas Extrabiss.

Pilzcremesuppe

Für 4 Portionen

1 EL Butter
1 Schalotte
300 g gemischte Pilze (Champignons, Eierschwämme, Steinpilze)
4 Zweige Petersilie
1 EL Zitronensaft
40 ml Weißwein
400–500 ml Gemüsebouillon
Salz, Pfeffer aus der Mühle
150 ml Halbrahm (fettreduzierte Sahne)

Die Butter in einem Topf erhitzen. Die Schalotte fein hacken und in der Butter dünsten. Die Pilze beigeben, mitdünsten. Die Petersilie fein hacken und die Hälfte davon zu den Pilzen geben. Zitronensaft, Weißwein und Bouillon dazugießen und aufkochen. Die Hitze reduzieren und die Suppe 10 Minuten zugedeckt köcheln lassen, dann fein pürieren. Mit Salz und Pfeffer abschmecken. Den Halbrahm leicht schlagen und unter die Suppe ziehen. Die Suppe nochmals kurz erwärmen. Mit der restlichen Petersilie garnieren.

Blumenkohl-Lauch-Suppe mit Pumpernickel-Chips

Die Pumpernickel-Chips und die Mandeln kann man gut in einem kleinen Vorratsglas mitnehmen und erst kurz vor dem Essen über die Suppe streuen.

Für 4 Portionen

700 g Blumenkohl
200 g Lauch
1 Zwiebel
Olivenöl
½ TL Chilipulver
1 Knoblauchzehe
Salz, Pfeffer aus der Mühle
1 unbehandelte Zitrone, abgeriebene Schale der ganzen, Saft der halben Zitrone

Für die Garnitur

2 Scheiben Pumpernickel
Olivenöl
1 Handvoll Mandeln
4 Zweige Thymian, Blättchen abgezupft

Den Blumenkohl in Röschen, den Lauch in Ringe schneiden. Die Zwiebel hacken. 1 Esslöffel Öl in einem Topf erhitzen. Zwiebel und Chilipulver beigeben, den Knoblauch dazupressen und alles andünsten. Blumenkohl und Lauch hinzufügen und kurz mitdünsten. 1 Liter Wasser dazugießen und das Gemüse etwa 20 Minuten köcheln lassen. Die Suppe pürieren. Mit Salz und Pfeffer abschmecken. Die Hälfte der Zitronenschale und den Zitronensaft zur Suppe geben.

Den Ofen auf 220 Grad vorheizen. Den Pumpernickel in Stücke brechen und auf ein mit Backpapier belegtes Blech legen. Mit Olivenöl beträufeln, salzen und etwa 10 Minuten backen. Herausnehmen und abkühlen lassen.

Die Mandeln in einer Bratpfanne ohne Fett rösten. Die Suppe anrichten. Mit Thymianblättchen, den restlichen Zitronenzesten, gerösteten Mandeln und den Pumpernickel-Chips garnieren.

Indische Linsensuppe

Für 4 Portionen

200 g rote Linsen
3 Karotten
1 Zwiebel
2 Knoblauchzehen
1 EL Olivenöl
1 TL Senfkörner
1 TL gemahlener Kreuzkümmel
2 TL scharfes oder mildes Currypulver
1 EL Tomatenpüree
1 Dose gehackte Tomaten
1 l Gemüsebouillon
1 EL Zitronensaft
Salz, Pfeffer aus der Mühle
4 EL griechischer Joghurt
2 EL frisch gehackter Koriander

Die Linsen kalt abspülen und abtropfen lassen. Die Karotten klein würfeln. Die Zwiebel und den Knoblauch fein hacken. Das Öl in einem Topf erhitzen. Alle Gewürze und das Tomatenpüree beigeben und dünsten. Karotten und Linsen dazugeben und mitdünsten. Tomaten und Gemüsebouillon hinzufügen, aufkochen und die Suppe zugedeckt etwa 20 Minuten köcheln lassen, dabei gelegentlich umrühren. Die Suppe mit Zitronensaft, Salz und Pfeffer abschmecken. Die Suppe mit Joghurt und Koriander garnieren.

Dazu passt Fladenbrot (Seite 80) perfekt.

Asiatische Erbsensuppe

Für 4 Portionen

1 Zwiebel
2 Knoblauchzehen
1 EL Kokosöl
600 g tiefgekühlte Erbsen
1 l Gemüsebouillon
10 Pfefferminzblätter
400 ml Kokosmilch
Salz, Pfeffer aus der Mühle
150 g Ziegenfrischkäse oder Frischkäse (z. B. Philadelphia)

Die Zwiebel und den Knoblauch fein hacken. Das Öl in einem Topf erhitzen, Zwiebel und Knoblauch darin andünsten. Die Erbsen, die Bouillon und die Hälfte der Minzeblätter beigeben, alles aufkochen. Die Kokosmilch dazugießen. Die Hitze reduzieren, die Suppe 5–10 Minuten kochen lassen, dann fein pürieren. Mit Salz und Pfeffer abschmecken. Die Suppe mit Frischkäse und den restlichen Minzeblättern garnieren.

Schnelle Suppe muss nicht aus dem Beutel kommen: Frisch geht genau so fix und schmeckt viel besser. Easy vorbereiten, mit heißem Wasser auffüllen, zweimal umrühren und fertig.

Asia-Nudelsuppe mit Thaigemüse

Für 1 Vorratsglas à ca. 900 ml

- 1 Frühlingszwiebel
- 80 g Reisnudeln
- 1 TL gelbe Currypaste
- 1 TL Hot Chilisauce
- 1 EL Sojasauce
- 80 g Thai-Gemüsemix, gefroren oder frisch, klein geschnitten
- 50 g Hühnerbrust, gekocht
- 1 EL Cashewkerne oder Currynüsse von Seite 330
- Salz, Pfeffer aus der Mühle
- Koriander oder Petersilie

Die Frühlingszwiebel in Ringe schneiden. Die Reisnudeln 4 Minuten in siedendem Wasser kochen, dann abgießen und abtropfen lassen. Currypaste, Chilisauce und Sojasauce in das Vorratsglas geben. Dann Reisnudeln, Gemüsemix, Frühlingszwiebelringe, Nüsse und die Hühnerbrust einfüllen.

Das Vorratsglas bis 2 cm unter dem Rand mit heißem Wasser auffüllen. Den Deckel schließen und die Suppe 5 Minuten ziehen lassen, dann umrühren. Mit Salz und Pfeffer abschmecken. Koriander oder Petersilie grob hacken und darüberstreuen.

Diese Suppe kann man mit gewürfeltem Tofu und gekochten Crevetten abwandeln. Ein Vorrat an Nudelsuppe lässt sich gut im Kühlschrank aufbewahren und ist so noch schneller auf dem Tisch.

Anstatt frischem Gemüse kann man
auch gefrorenes verwenden.

Asia-Nudelsuppe mit Erbsen

Für 1 Vorratsglas à ca. 900 ml

- 5 getrocknete Shiitakepilze
- 80 g Reisnudeln
- 75 g Brokkoli
- 1 Frühlingszwiebel
- 50 g Tofu
- 2 TL rote Currypaste
- 1 TL rote Misopaste
- wenig Fischsauce
- 2 EL tiefgekühlte Erbsen
- 2–3 Zweige Koriander

Die Shiitakepilze in heißem Wasser etwa 15 Minuten einweichen, dann abgießen, abtropfen lassen und vierteln. Die Reisnudeln 4 Minuten in siedendem Wasser kochen, abgießen und abtropfen lassen. Den Brokkoli in Röschen schneiden und in siedendem Wasser 4–5 Minuten bissfest kochen, abgießen und abtropfen lassen.

Die Frühlingszwiebel in Ringe, den Tofu in Würfel schneiden. Die Curry- und Misopaste mit etwas Fischsauce verrühren und in das Vorratsglas geben. Erst die Kokosmilch, dann Brokkoli, Reisnudeln, Shiitakepilze, Erbsen, Frühlingszwiebel und Tofu einfüllen.

Das Vorratsglas bis 2 cm unter dem Rand mit heißem Wasser auffüllen. Den Deckel schließen und die Suppe 5 Minuten ziehen lassen, dann umrühren. Den Koriander hacken und darüberstreuen.

Edamame oder Crevettenchips aus dem Asialaden passen super zu dieser Quick-Soup!

VORRATSGLAS TO GO

1

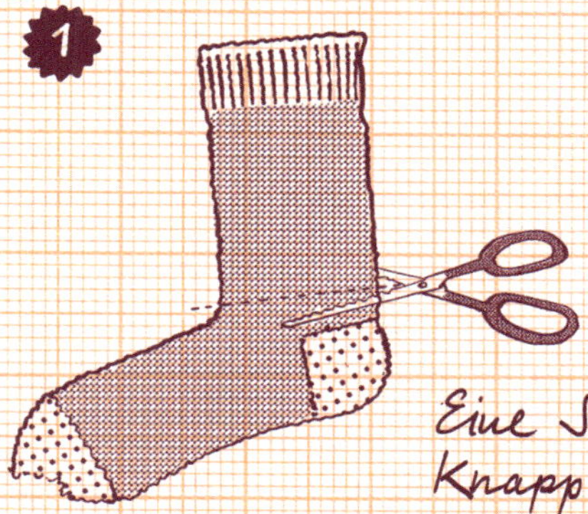

Eine Socke
Knapp über der
Ferse abschneiden.

2

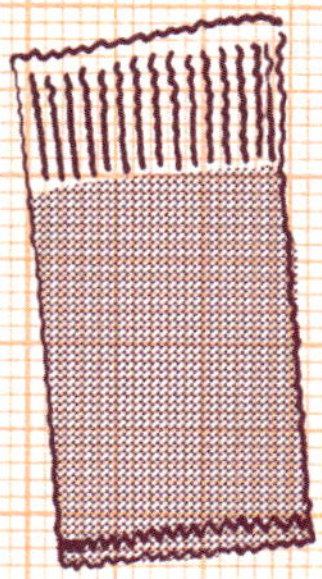

Unten zusammennähen,
über das Glas stülpen.

3

Im Zickzack
zusammennähen,

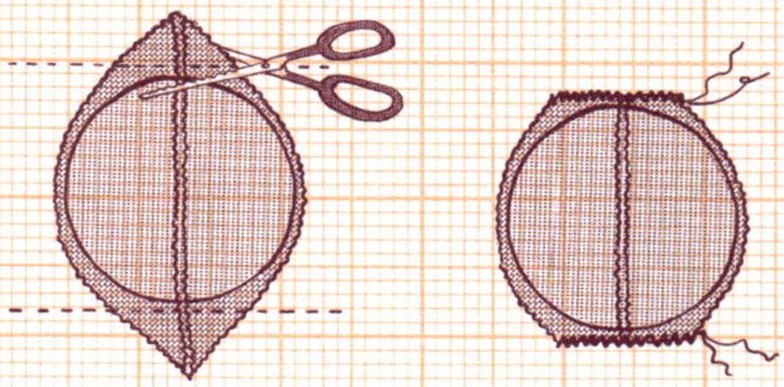

Zipfel abschneiden.

4

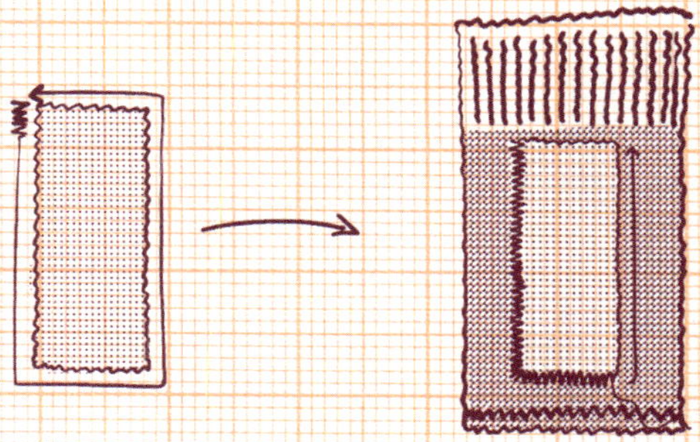

Ein schmales Stück aus den Resten ausschneiden und
rundherum im Zickzackstich nähen.
Im Zickzack auf den Schaft nähen, oben offen lassen.

5

Aus der zweiten Socke ein Rechteck
ausschneiden (30 x 5 cm), zusammen-
klappen, mit Zickzack zusammennähen
und umstülpen.

6

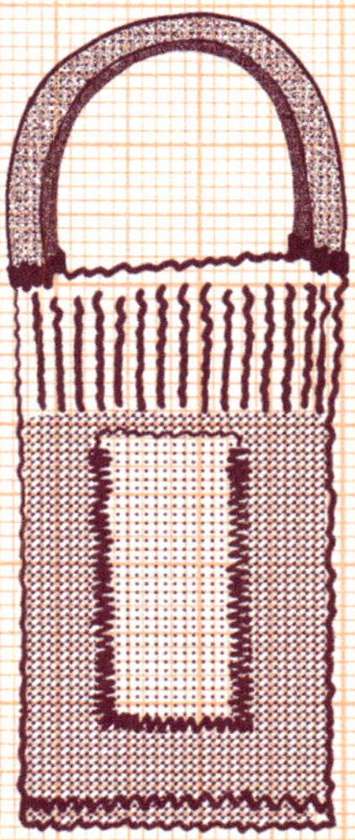

Henkel annähen.

CROÛTONS MIT FENCHEL-SAMEN UND PARMESAN

Rezept Seite 241

PUMPERNICKEL-CHIPS

Rezept Seite 248

CROÛTONS MIT KNOBLAUCH

100 g Brot vom Vortag
2 EL Olivenöl
1 Knoblauchzehe, gepresst

Croûtons lassen sich gut vorbereite

CROÛTONS IM KRÄUTERMANTEL

100 g Brot vom Vortag
2 EL Olivenöl
2 TL gemischte Kräuter

Die kleinen Krümel mit großer Wirkung peppen nicht nur jeden Salat auf, sondern geben auch Suppen einen Kick.

Den Backofen auf 180 Grad vorheizen. Das Brot in Würfel schneiden und auf einem mit Backpapier belegten Blech verteilen. Mit Olivenöl beträufeln und die Toppings darüberstreuen. Die Croûtons im Ofen etwa 20 Minuten backen.

Croûtons

LAUGEN-CROÛTONS MIT MEERSALZ

100 g Laugenbrötchen vom Vortag
2 EL Olivenöl
1 TL Meersalz

FOCACCIA-CROÛTONS MIT OREGANO

100 g Focaccia vom Vortag
2 EL Olivenöl
1 TL getrockneter Oregano

und in einem Vorratsglas trocken etwa 2 Wochen aufbewahren.

In meinem letzten Leben war ich ganz sicher keine Eule, sondern eher eine Lerche. Ich liebe die Morgenstunden! Und frühstücken könnte ich ohne Ende. Deshalb sind sehr viele meiner Rezepte vom Frühstück inspiriert – aber der Genuss ist längst nicht auf den Morgen beschränkt.

Milchreis mit Himbeeren

Für 4 Portionen (Gläser à 250 ml)

900 ml Vollmilch | 200 g Risottoreis | ½ Zimtstange | 1 TL | Vanillepaste | 1 Prise Salz | 1 unbehandelte Orange | 40 g Rohzucker | 1 EL Butter | 250 g Himbeeren | 1 EL Honig

Milch, Reis, Zimtstange, Vanillepaste und Salz zusammen aufkochen und bei kleiner Hitze unter gelegentlichem Rühren 15–20 Minuten köcheln lassen. Den Reis auf der ausgeschalteten Herdplatte zugedeckt etwa 10 Minuten quellen lassen, bis die Milch aufgesogen und der Reis weich ist. Die Orangenschale fein abreiben und mit dem Rohzucker und der Butter unter den Reis mischen.

Die Himbeeren mit dem Honig und 1 Esslöffel Wasser bei kleiner Hitze etwa 5 Minuten köcheln lassen. Den Milchreis und die Himbeeren schichtweise in Vorratsgläser füllen.

Statt Kakaopulver kann man auch Trinkschokoladepulver nehmen.

Schokomüsli

Für ca. 300 g

- 100 g feine Haferflocken
- 50 g grobe Haferflocken
- 50 g Amarant, gepoppt
- 3 EL Kakaopulver
- ½ TL gemahlener Zimt
- 50 ml Rapsöl
- 50 g flüssiger Honig
- 1 TL Vanillepaste

Den Backofen auf 130 Grad vorheizen. Haferflocken, Amarant, Kakao und Zimt in einer großen Schüssel mischen. Öl, Honig und Vanillepaste in einem Topf kurz erwärmen. Zur Müslimischung gießen und gut mischen. Die Masse auf einem mit Backpapier belegten Blech verteilen und in der Mitte des vorgeheizten Ofens 50–55 Minuten backen. Herausnehmen und auskühlen lassen, dann in ein Vorratsglas füllen.

Joghurt mit Apfel, Orange und Pekannüssen

Für 2 Vorratsgläser

- 2 Äpfel
- 1 große Orange
- 4 EL Pekannüsse
- 500 g Naturjoghurt
- 3 EL Granatapfelkerne
- 2 EL Agavendicksaft

Die Äpfel entkernen und grob reiben. Die Orange schälen und in 2 cm große Stücke schneiden. Die Nüsse in einer Bratpfanne ohne Fett kurz rösten. Den Joghurt in zwei Vorratsgläser verteilen. Äpfel, Orangen, Granatapfelkerne und Nüsse abwechselnd einschichten. Zum Schluss den Agavendicksaft darüberträufeln. Die Gläser zum Mitnehmen verschließen.

Auch eine tolle Kombination: Granatapfel, Ananas, Minze und Pistazien.

Granola

Für ca. 900 g

- 125 g grobe Haferflocken
- 125 g feine Haferflocken
- 100 g gemischte Nüsse (z. B. Mandeln, Pekannüsse, Walnüsse)
- 2 EL Sesamsamen
- 50 g gemischte Kerne (z. B. Kürbiskerne, Sonnenblumenkerne)
- 50 ml Rapsöl
- 50 g Honig
- 2 EL Tahini (Sesampaste)
- 25 g Kokosraspel
- 100 g getrocknete Cranberrys

Den Backofen auf 175 Grad vorheizen. Haferflocken, Nüsse, Sesam und Kerne mischen. Öl, Honig und Sesampaste in einem Topf flüssig werden lassen. Gut unter die Flockenmischung rühren und kneten, bis sich kleine Klumpen bilden. Die Mischung gleichmäßig auf einem mit Backpapier belegten Blech verteilen und in der Mitte des vorgeheizten Ofens etwa 20 Minuten backen. Nach 10 Minuten die Kokosraspel beigeben, die Mischung mit zwei Kellen wenden und fertig backen. Wenn das Granola knusprig ist, herausnehmen und auskühlen lassen. Die Cranberrys daruntermischen. Das Granola in ein großes Vorratsglas füllen.

Für 4 Portionen

60 g feine Haferflocken
40 g Rohzucker

Den Backofen auf 200 Grad vorheizen. Die Haferflocken mit dem Zucker mischen, auf einem mit Backpapier belegten Blech verteilen und im Ofen 8–10 Minuten backen. Herausnehmen und auskühlen lassen. In einer fest verschlossenen Vorratsdose sind die Streusel ungefähr 1 Monat haltbar.

Extrabiss für jedes Müsli!

Haferflockenstreusel

Ideal als Topping für Müsli, Joghurt oder Porridge. Kann man sehr gut auf Vorrat machen, also am besten gleich die doppelte Menge zubereiten!

A GOOD DAY
STARTS WITH
a good
BREAKFAST

Birchermüsli gibt's bei uns im Sommer oft zum Abendessen.
Dieses Rezept ist so simpel, dass sogar meine Töchter es schon auswendig zubereiten können.

Birchermüsli

Für 4 Portionen

6 EL feine Haferflocken
100 ml Milch
1 Banane
2 Äpfel
500 g Naturjoghurt
2 EL Rosinen
1 EL Agavendicksaft nach Belieben
200 g grüne und rote Trauben
2 EL Mandelblättchen

Die Haferflocken mit der Milch mischen und 1 Stunde ziehen lassen. Die Banane mit einer Gabel zerdrücken und beigeben. Die Äpfel entkernen und mit einer Gemüsereibe fein dazureiben. Den Joghurt und die Rosinen dazugeben und alles vermischen. Nach Bedarf mit Agavendicksaft süßen. Die Trauben halbieren und mit den Mandeln daruntermischen.

Geht natürlich auch vegan und laktosefrei: mit Sojajoghurt und Soja-, Hafer-, Reis- oder Mandelmilch.

Overnight-Müsli

Für 4 Portionen (Gläser à 250 ml)

1 Apfel
200 g feine Haferflocken
100 g Rosinen oder Korinthen
1 EL Chiasamen
500 ml Sojamilch
1 große Banane
8 EL Naturjoghurt
1 Handvoll gemischte Nüsse oder Granola (Rezept Seite 265)
Honig zum Süßen nach Belieben

Den Apfel entkernen und fein reiben. Mit Haferflocken, Rosinen oder Korinthen und Chiasamen in eine Schüssel geben. Die Milch darübergießen und alles gut mischen. Das Müsli über Nacht zugedeckt in den Kühlschrank stellen.

Am nächsten Tag das Müsli in vier Gläser verteilen. Die Banane in Scheiben schneiden und auf dem Müsli verteilen. Je 2 Esslöffel Joghurt daraufgeben. Zum Schluss die Nüsse oder das Granola darüberstreuen. Nach Belieben mit wenig Honig süßen. Das Vorratsglas zum Mitnehmen verschließen.

SPAGHETTIGARN-ROCK

1

Für 1 Glas: Ø 10 cm
20 Maschen mit Stricknadel Nr. 12 anschlagen und bis 1 cm vor dem Verschluss in linken Maschen stricken.

2

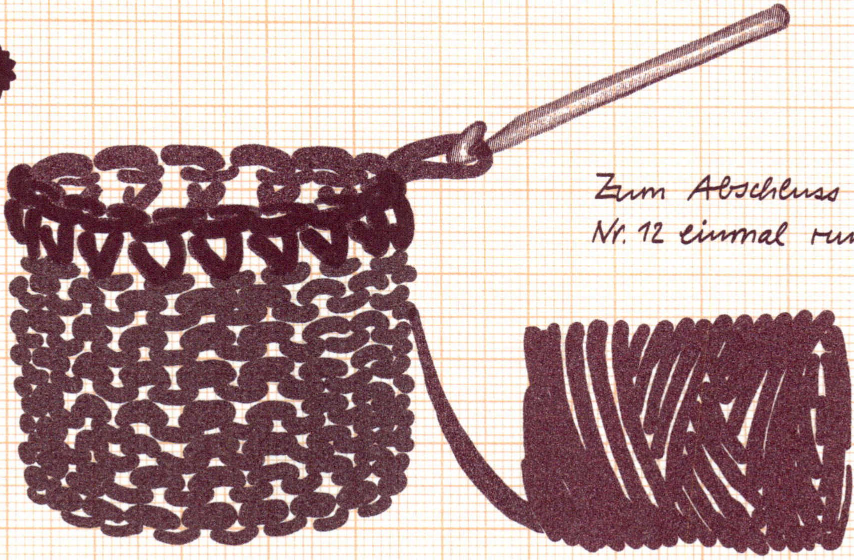

Zum Abschluss mit Häkelnadel Nr. 12 einmal rundherum häkeln.

3

Die kleine, gesunde Süßigkeit!

Energy-Balls mit Aprikosen

Ergibt ca. 15 Stück

100 g Cashewkerne
20 g Sesamsamen
100 g getrocknete Aprikosen
2 TL Agavendicksaft
2–3 EL Kokosraspel

Alle Zutaten bis einschließlich Agavendicksaft in den Blitzhacker geben und pürieren, bis eine homogene Masse entstanden ist. Die Masse zu kleinen Kugeln formen. Die Kugeln in den Kokosraspeln wenden und diese etwas andrücken. Vor dem Essen etwa 30 Minuten kühl stellen.

Energieballs sind im Kühlschrank 2 Wochen haltbar – also ruhig mal ein paar mehr auf Vorrat machen.

Energy-Balls mit Datteln

Ergibt ca. 15 Stück

- 80 g Datteln (z. B. Medjool)
- 70 g Kürbiskerne
- 70 g Mandeln
- ½ TL gemahlener Zimt
- 1 TL Kakaopulver
- 1 TL Vanilleextrakt
- 1 EL Agavendicksaft
- 2–3 EL gemahlene Mandeln

Alle Zutaten bis einschließlich Agavendicksaft in den Blitzhacker geben und pürieren, bis eine homogene Masse entstanden ist. Die Masse zu kleinen Kugeln formen. Die Kugeln in den gemahlenen Mandeln wenden und diese etwas andrücken. Vor dem Essen etwa 30 Minuten kühl stellen.

Energieriegel

Ergibt ca. 25 Stück

100 g Pekannüsse
100 g Mandeln
20 g Leinsamen
180 g Medjool-Datteln
100 g getrocknete Korinthen oder Heidelbeeren
200 g Haferflocken
2 EL Agavendicksaft
3 EL Pistazienkerne

Alle Zutaten im Blitzhacker pürieren, bis eine homogene Masse entstanden ist. Die Masse zwischen zwei Lagen Backpapier etwa 1 cm dick ausrollen. Die Pistazien fein hacken, auf die Masse streuen und mit dem Nudelholz in die Masse drücken. In etwa 25 Stücke schneiden. Die Riegel vor dem Essen rund 30 Minuten kühl stellen.

Die Cranberrys kann man zum Beispiel durch grob gehackte Dörraprikosen ersetzen.

Müsli-Energieriegel

Ergibt ca. 24 Stück (1 Blech von 20 x 27 cm)

100 g Butter | 100 g grober Rohzucker | 2 Prisen Salz | 100 ml Ahornsirup | 100 g Cranberrys | 150 g grobe Haferflocken | 25 g Sonnenblumenkerne | 25 g Kürbiskerne | 50 g Mandelstifte

Die Butter mit Rohzucker, Salz und Ahornsirup in einem Topf unter Rühren kurz aufkochen. Die Cranberrys und alle weiteren Zutaten daruntermischen. Die Masse in ein mit Backpapier ausgelegtes Blech geben und mit einem Spachtel gut festdrücken.

Den Backofen auf 160 Grad vorheizen. Die Masse in der Mitte des vorgeheizten Ofens etwa 30 Minuten backen.

Müsli-Scones

Super, um angefangene Müslipackungen aufzubrauchen.

Für 12 Stück

390 g Mehl
120 g Müslimischung oder gemischte Flocken
½ TL Salz
1 ½ TL Backpulver
40 g Rohzucker
125 g kalte Butter
200 ml Milch
1 Ei
Ei zum Bestreichen
Sonnenblumenkerne zum Bestreuen

Den Backofen auf 250 Grad vorheizen. Mehl, Müslimischung, Salz, Backpulver und Rohzucker mischen. Die Butter in Würfeln dazugeben und alles mit den Fingern zu einer feinen Masse verreiben. Milch und Ei verrühren und zu der Mehlmischung gießen. Alles zu einem Teig zusammenfügen.

Den Teig auf der Arbeitsfläche zu einem 3 cm dicken Rechteck formen. In zwölf Dreiecke schneiden oder rund ausstechen. Die Scones auf ein mit Backpapier belegtes Blech legen. Mit dem verquirlten Ei bestreichen. Mit Sonnenblumenkernen bestreuen. Die Scones in der Mitte des vorgeheizten Ofens etwa 10 Minuten goldbraun backen.

Graham-Scones

Für 12 Stück

- 270 g Mehl Type 550 (Weißmehl)
- 180 g Grahammehl
- ½ TL Salz
- 1½ TL Backpulver
- 40 g Rohzucker
- 125 g kalte Butter
- 200 ml Milch
- 1 Ei
- Ei zum Bestreichen
- Mohnsamen zum Bestreuen

Den Backofen auf 250 Grad vorheizen. Die beiden Mehlsorten mit Salz, Backpulver und Rohzucker mischen. Die Butter in Würfeln dazugeben und alles mit den Fingern zu einer feinen Masse verreiben. Milch und Ei verrühren und zu der Mehlmischung geben. Alles zu einem Teig zusammenfügen.

Den Teig auf der Arbeitsfläche zu einem 3 cm dicken Rechteck formen. In zwölf Quadrate schneiden oder rund ausstechen. Die Scones auf ein mit Backpapier belegtes Blech legen. Mit dem verquirlten Ei bestreichen. Mit Mohnsamen bestreuen. Die Scones in der Mitte des vorgeheizten Ofens etwa 10 Minuten goldbraun backen.

AUF DIE HAND

*Unterwegs hat man oft nur eine Hand frei –
da braucht es manchmal einfach einen Happen am Stück,
von dem man abbeißen kann, ohne zu kleckern.
Im Zug, im Auto oder auf dem Spielplatz, während man mit
der anderen Hand die Schaukel anschiebt. Dafür gibt's
hier die idealen Begleiter.*

Miniquiche mit Cherrytomaten und Mangold

Für 6 Stück (6 Förmchen à ca. 11 cm Durchmesser)

Für den Teig

100 g Mehl Type 812 (Halbweißmehl)
100 g Mehl Type 1050 (Ruchmehl)
½ TL Salz
100 g Butter
Fett für die Förmchen
Mehl für die Arbeitsfläche

Für Belag und Guss

250 g Mangold
100 ml Rahm (Sahne)
100 g Quark
2 Eier
½ Briefchen Safran
Salz, Pfeffer aus der Mühle
2 EL Paniermehl
12 Cherrytomaten
2 EL Pinienkerne

Für den Teig die beiden Mehlsorten mit dem Salz vermischen. Die Butter in kleinen Stücken dazugeben. Alles grob mit den Händen verkneten. 100 ml kaltes Wasser beigeben und alles rasch zu einem Teig zusammenfügen. Den Teig zu einer Kugel formen. Mit Klarsichtfolie bedeckt im Kühlschrank 30 Minuten ruhen lassen.

Für den Belag den Mangold in Streifen schneiden und in kochendem Milchwasser (halb Milch, halb Wasser) 2–3 Minuten blanchieren. Abgießen und gut abtropfen lassen.

Den Backofen auf 200 Grad vorheizen. Für den Guss Rahm, Quark, Eier und Safran mischen. Mit Salz und Pfeffer abschmecken.

Die Förmchen einfetten. Den Teig in sechs Portionen teilen und diese auf wenig Mehl 3 mm dick rund ausrollen. Die Teigkreise in die Förmchen legen, überstehenden Teig abschneiden. Die Teigböden mit einer Gabel mehrmals einstechen. Das Paniermehl auf den Böden verteilen, dann Mangold und Cherrytomaten daraufgeben. Den Guss darübergießen, mit den Pinienkernen bestreuen. Die Quiches in der Mitte des vorgeheizten Ofens 25–30 Minuten goldbraun backen.

Anstelle von Mangold kann man auch Spinat verwenden oder auch einfach nur Cherrytomaten.

Waffeln kennt man bei uns eher in süßer Form, dabei sind diese herzhaften Brotwaffeln eine tolle Möglichkeit, altes Brot noch mal aufzutischen – ganz ohne lange Gesichter!

Brotwaffeln

Für 8 Stück

500 g Brot vom Vortag
ca. 300 ml halb Milch, halb Wasser, gemischt
2 rote Zwiebeln
2 Knoblauchzehen
1 TL Olivenöl
2 Eier
1 Bund Petersilie
1 ½ TL Fenchelsamen
Salz, Pfeffer aus der Mühle
Butter für das Waffeleisen

Das Brot in 1 cm große Würfel schneiden und in eine Schüssel geben. Das Milchwasser erhitzen und über die Brotwürfel gießen. Gut mischen. Zugedeckt etwa 10 Minuten ziehen lassen. Das eingeweichte Brot mit den Händen sehr fein zerdrücken.

Zwiebeln und Knoblauch fein hacken. Das Olivenöl in einem Topf erwärmen. Zwiebel und Knoblauch darin dünsten, etwas abkühlen lassen, dann mit den Eiern zur Brotmasse geben. Die Petersilie fein hacken, die Fenchelsamen grob zerstoßen und beides ebenfalls dazugeben und gut untermischen. Mit Salz und Pfeffer abschmecken.

Das Waffeleisen aufheizen und mit Butter einfetten. Den Brotteig zu acht Kugeln formen. Die Kugeln im Waffeleisen portionsweise zu goldbraunen Waffeln ausbacken. Herausnehmen und auf einem Gitter auskühlen lassen.

Für Fleischtiger 150 g angebratene Speckwürfel dazugeben. Oder, wenn es vegetarisch bleiben soll, 100 g zerkrümelten Feta dazugeben. Auch Miniwaffeln kommen bei uns toll an – einfach kleinere Teigportionen ausbacken.

Käse-Zigarren

Für 10–12 Stück

200 g Feta
100 g Ricotta
1 unbehandelte Zitrone
½ TL Salz
2 EL Pistazienkerne
2 EL Petersilie
1 Ei
5 Filo- oder Strudelteigblätter (ca. 37 x 39 cm)
Olivenöl zum Bestreichen

Den Feta in einer Schüssel mit einer Gabel zerdrücken. Den Ricotta daruntermischen. Die Zitronenschale fein abreiben, mit dem Salz beigeben und alles gut vermischen. Pistazien und Petersilie grob hacken und mit dem Ei beigeben. Gut vermischen.

Den Backofen auf 220 Grad (Umluft) vorheizen. Die Teigblätter quer halbieren. Jedes Teigblatt mit Olivenöl bestreichen. Die Füllung an der unteren Längsseite verteilen. Die seitlichen Ränder einschlagen und das Teigblatt aufrollen. Die Rollen auf ein mit Backpapier belegtes Blech legen. Den Vorgang wiederholen, bis alle Zutaten aufgebraucht sind. Die Teigrollen mit Olivenöl bestreichen und in der Mitte des vorgeheizten Ofens etwa 12 Minuten goldbraun backen. Herausnehmen.

Ungebacken kann man die »Zigarren« problemlos tiefkühlen – dann erst direkt vor dem Backen mit Olivenöl bestreichen.

Hackfleisch-Zigarren

Für 10 Stück

1 Zwiebel
Olivenöl
500 g gemischtes Hackfleisch
2 TL Ras el-Hanout
½ TL gemahlene Kurkuma
½ TL Salz
2 EL Petersilie
5 Filo- oder Strudelteigblätter (ca. 37 x 39 cm)

Die Zwiebel fein hacken. In einer Bratpfanne 1 Esslöffel Olivenöl erhitzen und die Zwiebel darin glasig dünsten. Das Hackfleisch beigeben und unter Rühren anbraten. Die Gewürze dazugeben und nochmals kurz braten. Die Pfanne vom Herd nehmen. Die Petersilie fein hacken und daruntermischen.

Den Backofen auf 220 Grad (Umluft) vorheizen. Die Teigblätter quer halbieren. Jedes Teigblatt mit Olivenöl bestreichen. Die Füllung an der unteren Längsseite verteilen. Die seitlichen Ränder einschlagen und das Teigblatt aufrollen. Die Rollen auf ein mit Backpapier belegtes Blech legen. Den Vorgang wiederholen, bis alle Zutaten aufgebraucht sind. Die Teigrollen mit Olivenöl bestreichen und in der Mitte des vorgeheizten Ofens etwa 12 Minuten goldbraun backen.

Gibt man die Rollen noch gefroren in den Ofen, verlängert sich die Backzeit um 5–8 Minuten.

Für diese von der englischen Küche inspirierte Spezialität muss man zwar etwas mehr Zeit aufwenden – aber das lohnt sich, denn sie schmeckt einfach himmlisch und macht richtig satt. Echter Comfort Food!

Galetten mit Spinat

Für 6 Stück

150 g helles Dinkelmehl
50 g Dinkelvollkornmehl
½ TL Salz
80 g Butter
150 g Spinat
200 g Feta
100 g Ricotta
60 g Pinienkerne
Salz, Pfeffer aus der Mühle
Mehl für die Arbeitsfläche
1 Eigelb zum Bestreichen

Für den Teig die beiden Mehlsorten mit dem Salz vermischen. Die Butter in kleinen Stücken dazugeben. Grob mit den Händen unterkneten. 100 ml kaltes Wasser beigeben und alles rasch zu einem Teig zusammenfügen. Den Teig zu einer Kugel formen und mit Klarsichtfolie bedeckt im Kühlschrank 30 Minuten ruhen lassen.

Für die Füllung den Spinat in kochendem Salzwasser 2–3 Minuten blanchieren, abgießen, ausdrücken und grob hacken. Den Feta mit einer Gabel zerdrücken und mit dem Spinat, dem Ricotta und zwei Dritteln der Pinienkerne vermischen. Mit Salz und Pfeffer abschmecken.

Den Backofen auf 200 Grad vorheizen. Den Teig in sechs Portionen teilen und jede Portion auf wenig Mehl 3 mm dick rund ausrollen. Die Spinatmasse auf dem Teig verteilen, dabei rundherum etwa 3 cm Rand frei lassen. Die restlichen Pinienkerne darüberstreuen. Den Rand des Teigs zur Mitte hin umklappen und leicht andrücken. Den Rand mit dem verquirlten Eigelb bestreichen. Die Galetten in der Mitte des vorgeheizten Ofens 20–25 Minuten goldbraun backen.

Wenn's mal eilt, kann man auch einen Fertigteig verwenden.

Die Füllung lässt sich natürlich auch abwandeln, je nachdem, was gerade da ist. Englische Klassiker sind Hackfleisch oder Hühnchen, genauso gut ist aber eine vegetarische Füllung mit mehr Gemüse.

Lauch-Speck-Pies

Für 12 Stück (1 Muffinblech mit 12 Mulden)

Für den Teig

100 g helles Dinkelmehl
200 g Dinkelvollkornmehl
½ TL Salz
120 g Butter
Butter und Mehl für das Blech

Für den Belag

200 g Lauch
1 EL Butter
6 Scheiben Bratspeck
4 EL Crème fraîche
3 EL geriebener Gruyère
Salz, Pfeffer aus der Mühle
1 Eigelb zum Bestreichen
Sesamsamen zum Bestreuen

Für den Teig die beiden Mehlsorten und das Salz mischen. Die Butter in kleinen Stücken dazugeben. Grob mit den Händen verkneten. 100 ml kaltes Wasser beigeben und alles rasch zu einem Teig zusammenfügen. Den Teig zu einer Kugel formen und mit Klarsichtfolie bedeckt im Kühlschrank 30 Minuten ruhen lassen.

Für die Füllung den Lauch in Ringe schneiden. Die Butter erhitzen und den Lauch darin andünsten. Den Speck in Streifen schneiden und in einer Bratpfanne anbraten. Lauch und Speck vermischen, abkühlen lassen. Dann Crème fraîche und Gruyère untermischen. Mit Salz und Pfeffer abschmecken.

Den Backofen auf 220 Grad vorheizen. Das Muffinblech ausbuttern und mit Mehl bestäuben. Den Teig 3 mm dick ausrollen. Aus dem Teig Kreise von etwa 8,5 cm Durchmesser ausstechen und in die Mulden des Blechs drücken. Die Lauchmasse in die Förmchen verteilen. Für die Deckel aus dem restlichen Teig 6 cm große Kreise ausstechen. In der Mitte der Deckel einen kleinen Kreis ausstechen oder ein Kreuz einschneiden. Den Deckel auf die Füllung legen. Die Ränder leicht über die Deckel legen und andrücken. Die Pies mit verquirltem Eigelb bestreichen und mit Sesam bestreuen. In der unteren Hälfte des vorgeheizten Ofens 15–20 Minuten goldbraun backen.

Frikadellen mit Gemüse

Für 12 Stück

2 Karotten
2 Frühlingszwiebeln
1 Knoblauchzehe
Olivenöl zum Braten
1 Bund Petersilie
600 g gemischtes Hackfleisch
75 g Ricotta
2 EL Paniermehl
1 Ei
1½ TL Salz, Pfeffer aus der Mühle

Die Karotten grob reiben. Die Frühlingszwiebeln und den Knoblauch fein hacken. In einer Bratpfanne Olivenöl erhitzen. Karotten, Zwiebeln und Knoblauch darin kurz dünsten, dann abkühlen lassen.

Die Petersilie fein hacken. Hackfleisch, Ricotta, Paniermehl, Petersilie, Ei, Salz und die Karottenmasse in einer großen Schüssel gut mischen. Mit Pfeffer abschmecken. Mit nassen Händen aus der Masse etwa zwölf Frikadellen formen. Die Frikadellen in Olivenöl bei mittlerer Hitze von jeder Seite etwa 4 Minuten goldbraun braten.

Setzt man die Frikadellen einzeln in Papierförmchen, gibt's beim Essen keine schmutzigen Finger.

Arancini

Für 12 Stück

1 EL Olivenöl
300 g Risottoreis
100 ml Weißwein
800 ml Gemüsebouillon, heiß
1 Briefchen Safran
70 g Parmesan, gerieben
4–5 EL Mehl
2 Eier
100 g Paniermehl
60 g Pesto (Rezept Seite 28)
12 Mini-Mozzarella-Kugeln
Öl zum Frittieren

Das Öl in einem Topf erwärmen. Den Reis darin glasig dünsten. Mit dem Wein ablöschen und diesen vollständig einkochen lassen. Die Bouillon unter ständigem Rühren nach und nach dazugießen, sodass der Reis immer knapp bedeckt ist. Den Safran beigeben. Den Reis etwa 20 Minuten köcheln lassen. Den Parmesan daruntermischen und den Reis abkühlen lassen.

Mehl, Eier und Paniermehl je in einen tiefen Teller geben. 1 gehäuften Esslöffel Reis in eine Hand geben. Eine Vertiefung hineindrücken und 1 Teelöffel Pesto und 1 Mozzarellakugel hineingeben, diese mit 1 Esslöffel Reis bedecken und mit nassen Händen zu einer Kugel formen. Die Reiskugeln erst im Mehl, dann im verquirlten Ei und zuletzt im Paniermehl wenden. Das Paniermehl gut andrücken.

In einen hohen Topf etwa 3 cm hoch Öl füllen und erhitzen. Die Arancini darin portionsweise rundum bei mittlerer Hitze 4–6 Minuten goldbraun frittieren. Herausnehmen und auf Haushaltspapier abtropfen lassen.

Das perfekte Rezept zur Verwertung von Risottoresten.

Prussiens mit Frischkäsefüllung

Für 12 Stück

Für den Teig

200 g helles Dinkelmehl
½ TL Salz
200 g kalte Butter
200 g Magerquark
Mehl für die Arbeitsfläche

Für die Füllung

½ Bund Thymian
1 unbehandelte Zitrone
200 g Frischkäse
50 g Sbrinz, gerieben
Salz, Pfeffer aus der Mühle

Für den Teig Mehl und Salz in einer Schüssel mischen. Die Butter in Flocken beigeben und alles zu einer krümeligen Masse verreiben. Den Quark dazugeben und alles rasch zu einem Teig kneten. Den Teig mindestens 30 Minuten kühl stellen.

Für die Füllung den Thymian fein hacken, etwas zum Garnieren beiseitelegen. Die Zitronenschale fein abreiben. Den Frischkäse mit Sbrinz, Thymian und Zitronenschale mischen. Mit Salz und Pfeffer abschmecken.

Den Blätterteig auf wenig Mehl zu einem Rechteck (25 x 40 cm) ausrollen. Die Füllung mit einem Spachtel daraufstreichen. Den Teig von beiden Längsseiten her zur Mitte hin einrollen. Die Teigrolle 30 Minuten kühl stellen.

Den Backofen auf 220 Grad vorheizen. Die Rolle in 1½ cm dicke Scheiben schneiden und diese auf ein mit Backpapier belegtes Blech legen. Mit dem restlichen Thymian bestreuen. Die Prussiens in der Mitte des vorgeheizten Ofens 12–15 Minuten backen. Herausnehmen und auskühlen lassen.

Wer keine frischen Kräuter hat, kann auch getrocknete verwenden.

Röstgemüse-Brötchen

Für 10–12 Stück

Für den Teig

1 Päckchen Trockenhefe oder 20 g Frischhefe
½ Bund Rosmarin
500 g Mehl
1 TL Salz
1 EL Olivenöl
1 EL Honig

Für die Füllung

1 Zucchini
1 rote Paprikaschote
1 gelbe Paprikaschote
1 rote Zwiebel
3 EL Olivenöl
Meersalz
100 g entsteinte Oliven

Die Hefe in 300 ml lauwarmem Wasser auflösen. Den Rosmarin fein hacken. Das Mehl mit Salz und Rosmarin mischen. Die Hefemischung mit dem Olivenöl und dem Honig zum Mehl geben. Alles zu einem geschmeidigen Teig kneten. Den Teig zugedeckt 1 Stunde gehen lassen.

Den Backofen auf 220 Grad vorheizen. Die Zucchini längs vierteln und in 1 cm große Würfel schneiden. Die Paprikaschoten in Würfel, die Zwiebel in Schnitze schneiden. Alles mit dem Olivenöl mischen. Das Gemüse auf einem mit Backpapier belegten Blech verteilen. Mit Meersalz würzen. Das Gemüse im vorgeheizten Backofen 20–25 Minuten rösten. Herausnehmen und abkühlen lassen.

Die Oliven grob hacken. Das Gemüse und die Oliven vorsichtig in den Teig kneten. Aus dem Teig zehn bis zwölf Brötchen formen. Die Brötchen 20–25 Minuten in der unteren Hälfte des vorgeheizten Ofens backen.

Probieren Sie auch andere Gemüse aus – Tomaten, Auberginen und Karotten zum Beispiel.

Anstatt Rosmarin gibt auch Thymian
diesen Brötchen ein tolles und
besonderes Aroma.

RECYCLING-LUNCHBOX

alte Keksdosen mit Sprayfarbe einfärben und dekorieren.

Mit einem Metallbohrer an den gewünschten Punkten Löcher bohren.
Dicke Schnur oder Band zum Tragen montieren.

Was tun mit einem Spaghettirest? Eine coole Lösung: Spaghetti-Muffins!

Spaghetti-Muffins

Für 12 Stück (1 Muffinblech mit 12 Mulden)

1 Dose geschälte Tomaten (400 g), gehackt
200 g getrocknete Tomaten
200 g Artischocken in Öl
2 Knoblauchzehen
100 g Mehl Type 812 (Halbweißmehl)
6 Zweige Thymian
450 g Spaghetti, gegart
100 g Paniermehl
Salz, Pfeffer aus der Mühle
Olivenöl für das Blech und zum Beträufeln
Paniermehl für das Blech

Die geschälten und die getrockneten Tomaten, die Artischocken und die Knoblauchzehen in eine große Schüssel geben und mit dem Pürierstab pürieren. Das Mehl daruntermischen. Von 4 Thymianzweigen die Blätter abzupfen, mit den Spaghetti und dem Paniermehl beigeben und alles gut mischen. Mit Salz und Pfeffer abschmecken.

Den Backofen auf 180 Grad vorheizen. Die Mulden des Muffinblechs mit Olivenöl einfetten und mit Paniermehl ausstreuen. Die Spaghettimasse mit einer Gabel zu kleinen Nestern drehen und in die Muffinförmchen setzen. Mit etwas Olivenöl beträufeln. Die restlichen Thymianblätter darüberstreuen. Die Muffins in der Mitte des vorgeheizten Ofens 15–20 Minuten backen.

Sommerrollen

Für 6 Stück

50 g Reisnudeln
125 g Salatgurke
1 Karotte
1 Avocado
6 Blätter Reispapier (22 cm Durchmesser)
1 EL schwarze Sesamsamen
6 Zweige Pfefferminze, Blätter abgezupft
6 TL süßsaure Chilisauce
Sojasauce zum Servieren

Die Reisnudeln in siedendem Wasser 3–5 Minuten bissfest garen. Abgießen und mit kaltem Wasser abspülen, damit sie nicht zusammenkleben. Gut abtropfen lassen.

Die Gurke halbieren und entkernen. Gurke und Karotte in dünne Stäbchen schneiden. Die Avocado halbieren, den Kern entfernen, das Fruchtfleisch herauslösen und der Länge nach in Streifen schneiden.

1 Blatt Reispapier in Wasser legen, bis es weich ist, dann auf eine angefeuchtete Arbeitsfläche legen und mit wenig Sesam bestreuen.

Wenig Nudeln, Pfefferminzblätter, Gurke, Karottenstifte, Avocado und je 1 Teelöffel Chilisauce darauf verteilen. Dabei rundum einen Rand von 5 cm frei lassen. Die seitlichen Ränder zur Mitte einschlagen und das Reispapier aufrollen. Die restlichen Reisblätter ebenso verarbeiten. Die Sommerrollen mit Sojasauce zum Dippen servieren.

Das Gemüse lässt sich variieren – je nachdem, was gerade Saison hat und der Bauch wünscht.

Die Sauce kann man gut in einem kleinen Vorratsglas transportieren.

Blätterteigkissen mit Erbsenfüllung

Für 12 Stück

100 g tiefgekühlte Erbsen
150 g Ricotta
1 unbehandelte Zitrone
Salz, Pfeffer aus der Mühle
500 g Blätterteig
Mehl für die Arbeitsfläche
1 Ei zum Bestreichen
Sesamsamen zum Bestreuen

Die Erbsen in siedendem Wasser 3 Minuten blanchieren, abgießen, kalt abspülen und gut abtropfen lassen. Die Erbsen und den Ricotta in einer Schüssel miteinander mischen. Die Zitronenschale fein dazureiben. Mit Salz und Pfeffer abschmecken.

Den Backofen auf 220 Grad vorheizen. Den Blätterteig auf wenig Mehl 3 mm dick ausrollen. Mit einer Ausstechform 24 Kreise à 9–10 cm Durchmesser ausstechen. Die Füllung in die Mitte von zwölf Kreisen verteilen. Die Ränder mit verquirltem Ei bestreichen und die Füllung mit den restlichen Teigrondellen bedecken. Die Ränder gut andrücken. Die Teigkissen auf ein mit Backpapier belegtes Blech legen, mit dem restlichen Ei bestreichen und mit Sesam bestreuen. In der Mitte des vorgeheizten Ofens etwa 20 Minuten backen. Herausnehmen und abkühlen lassen.

enjoy the small things

Galetten mit Feigen

Für 6 Stück

Für den Teig

150 g helles Dinkelmehl
50 g Dinkelvollkornmehl
1 Prise Salz
60 g gemahlener Rohzucker
120 g kalte Butter
1 Ei

Für die Füllung

150 g Ricotta
2 EL Rohzucker
1 TL Vanilleextrakt
4 EL gemahlene Mandeln
800 g Feigen

Mehl für die Arbeitsfläche
1 Eigelb zum Bestreichen
Puderzucker zum Bestreuen

Für den Teig beide Mehlsorten, Salz und 60 g Rohzucker mischen. Die Butter in kleinen Stücken dazugeben. Grob mit den Händen verkneten. Das Ei beigeben und alles rasch zu einem Teig zusammenfügen. Den Teig zu einer Kugel formen. Mit Klarsichtfolie bedeckt im Kühlschrank etwa 30 Minuten ruhen lassen.

Den Ofen auf 200 Grad vorheizen. Für die Füllung den Ricotta mit Rohzucker und Vanilleextrakt verrühren.

Den Teig in sechs Portionen teilen und jede Portion auf wenig Mehl 3 mm dick rund ausrollen. Die Ricottamasse auf dem Teig ausstreichen, dabei rundum einen Rand von 3 cm frei lassen. Die Mandeln auf die Füllung streuen. Die Feigen in Scheiben schneiden und darauf verteilen. Den Rand des Teigs zur Mitte hin umklappen, leicht andrücken und mit verquirltem Eigelb bestreichen. Die Galetten in der Mitte des vorgeheizten Ofens 20–25 Minuten goldbraun backen. Herausnehmen. Mit Puderzucker bestreuen.

Galetten sind schnell und unkompliziert. Der Teig ist im Nu zusammengeknetet, dann nur noch ausrollen, füllen und die Ränder einklappen.

Der Apfelfüllung kann man auch noch Rosinen beigeben, lecker!

Apple-Pies

Für ca. 8 Stück à 8 cm Durchmesser

Für den Teig

200 g helles Dinkelmehl
1 Prise Salz
60 g gemahlener Rohzucker
120 g kalte Butter
1 Ei

Für die Füllung

2 Äpfel
1 EL Muscovadozucker
1 TL Zitronensaft
1 TL gemahlener Zimt

Mehl für die Arbeitsfläche
1 Eigelb zum Bestreichen

Für den Teig Mehl, Salz und Zucker mischen. Die Butter in kleinen Stücken dazugeben. Grob mit den Händen verkneten. Das Ei beigeben und alles rasch zu einem Teig zusammenfügen. Den Teig zu einer Kugel formen. Mit Klarsichtfolie bedeckt im Kühlschrank etwa 30 Minuten ruhen lassen.

Die Äpfel schälen, entkernen und in kleine Stücke schneiden. Zucker, Zitronensaft und Zimt beigeben und mischen.

Den Teig auf wenig Mehl 3 mm dick ausrollen und daraus etwa 16 rund 8 cm große Kreise ausstechen. Die Füllung auf der Hälfte der Kreise verteilen. Mit den restlichen Teigkreisen bedecken. Die Teigränder der Böden über die Teigdeckel legen und mit den Fingern andrücken. Die Pies oben in der Mitte mit einem kleinen Kreuz einschneiden. Die Pies mit verquirltem Eigelb bestreichen. Den Backofen auf 220 Grad vorheizen. Die Temperatur auf 180 Grad reduzieren. Die Pies in der Mitte des vorgeheizten Ofens 15–20 Minuten backen.

Brownies

**Für ca. 20 Stück
(1 Blech von ca. 19 x 29 cm)**

**300 g dunkle Schokolade
200 g Butter
3 Eier
250 g Rohzucker
150 g Dinkelmehl
¼ TL Salz
1 Päckchen Vanillezucker
150 g gemischte Nüsse (z. B. Mandeln, Pistazien, Walnüsse, Pekannüsse)
Fett für das Blech**

Den Backofen auf 180 Grad vorheizen. Die Schokolade zerkleinern und zusammen mit der Butter im Wasserbad langsam schmelzen. Etwas abkühlen lassen.

Die Eier mit dem Zucker schaumig schlagen und unter die Schokoladenmasse mischen. Mehl, Salz und Vanillezucker mischen, zu der Masse geben und gut darunterziehen. Die Masse auf das gefettete Blech geben und glatt streichen. Die Nüsse grob hacken und auf dem Teig verteilen. Die Brownies in der Mitte des vorgeheizten Ofens 30–35 Minuten backen.

Quittenküchlein

Für 12 Stück (1 Muffinblech mit 12 Mulden)

Für den Teig

100 g Dinkelvollkornmehl
100 g helles Dinkelmehl
½ TL Salz
80 g Butter
Fett für das Blech

Für die Füllung

750 g Quitten
3 Eier
250 g Doppelrahm (Crème double)
75 g gemahlener Rohzucker
2 EL Maizena (Maisstärke)
1 TL Vanilleextrakt
4 EL gemahlene Mandeln
3 EL Mandelblättchen
Puderzucker zum Bestäuben

Für den Teig die beiden Mehlsorten und das Salz in eine Schüssel geben. Die Butter in Würfel schneiden und beigeben. Zu einer krümeligen Masse verreiben. 100 ml kaltes Wasser dazugießen und alles zu einem Teig zusammenfügen. Den Teig zwischen zwei Lagen Backpapier 3 mm dick ausrollen und 30 Minuten kühl stellen.

Den Backofen auf 180 Grad vorheizen. Für die Füllung die Quitten waschen und mit einem Tuch abreiben. Auf einem mit Backpapier belegten Blech verteilen und in der Mitte des vorgeheizten Ofens etwa 1 Stunde backen. Kalt abschrecken, leicht auskühlen lassen. Die Temperatur auf 200 Grad erhöhen. Die Quitten schälen und entkernen. Das Fruchtfleisch in Stücke schneiden und pürieren. Die Eier trennen. Doppelrahm, Zucker, Eigelbe, Maisstärke und Vanilleextrakt unter das Quittenpüree rühren. Das Eiweiß steif schlagen und darunterziehen.

Aus dem Teig Kreise von etwa 12 cm Durchmesser ausstechen. Den Teig in die gefetteten Mulden des Muffinblechs legen und andrücken. Die Teigböden mit je 1 Teelöffel gemahlenen Mandeln bestreuen. Die Füllung in die Förmchen verteilen, mit Mandelblättchen bestreuen. Die Küchlein in der unteren Hälfte des vorgeheizten Ofens etwa 20 Minuten backen. Herausnehmen und auskühlen lassen. Mit Puderzucker bestäuben.

TELLER TO GO

Zwei Einweg-Palmblatt Teller
Dicke Hanfschnur
Mit dem Schraubenzieher je
4 Löcher in beide Teller bohren.
Die Hanfschnur locker
einfädeln und zusammen-
binden, sodass man
die obere Schnur
bequem als Henkel
benutzen kann.

Im aktiven Alltag kommt es vor, dass ein Lunch mal kurz warten muss oder es einfach noch ein Stündchen dauert bis zum lang ersehnten Abendessen. Daher habe ich immer eine Kleinigkeit dabei, um einen kleinen Hunger gesund zu überbrücken. Eine Nussmischung, Knäckebrot und Dip oder Gemüsechips – es ist wirklich ganz einfach.

Der Geschmack lässt sich variieren, indem man anstatt Tomatenpesto ein anderes Pesto verwendet.

Knäckebrot mit Tomatenpesto

Für ca. 40 Stück

200 g Dinkelvollkornmehl
½ TL Salz, Pfeffer aus der Mühle
50 g Butter
3 EL Tomatenpesto (Rezept Seite 28)

Mehl, Salz und wenig Pfeffer mischen. Die Butter in Flocken dazugeben und alles mit den Händen zu einer krümeligen Masse reiben. Das Pesto und 50 ml Wasser beigeben und alles zu einem weichen Teig kneten. Den Teig 1 Stunde kühl stellen.

Den Backofen auf 180 Grad vorheizen. Den Teig 2 mm dick ausrollen, auf ein mit Backpapier belegtes Blech legen, mit einer Gabel mehrmals einstechen und in etwa 40 Rechtecke schneiden. In der Mitte des vorgeheizten Ofens 10–12 Minuten backen. Herausnehmen, auf einem Gitter auskühlen lassen.

In einer Dose kühl und trocken gelagert, ist Knäckebrot etwa 2 Wochen haltbar.

Chia-Knäckebrot

Für ca. 36 Stück

50 g Chiasamen
30 g Kürbiskerne
30 g Sesamsamen
75 g Dinkelvollkornmehl
75 g feine Haferflocken
½ TL Salz
2 EL Rapsöl
Kerne zum Bestreuen

Je 1 Esslöffel Chiasamen, Kürbiskerne und Sesam beiseitestellen. Die restlichen Samen mit Mehl, Haferflocken und Salz in einer Schüssel mischen. Das Öl und 350 ml Wasser beigeben, gut mischen. Die Masse etwa 15 Minuten stehen lassen.

Den Backofen auf 180 Grad (Umluft) vorheizen. Die Masse auf einem mit Backpapier belegten Blech 2–3 mm dick ausstreichen. Mit den beiseitegestellten Samen und Kernen bestreuen. In der Mitte des vorgeheizten Ofens etwa 15 Minuten backen. Herausnehmen und das Knäckebrot in etwa 36 Stücke schneiden, anschließend 50–60 Minuten fertig backen. Herausnehmen und auskühlen lassen

Avocado-Quark-Dip

Für ca. 250 g

1 Avocado
100 g Quark
1 Knoblauchzehe
1 TL Tabasco
1 TL Limettensaft
Salz, Pfeffer aus der Mühle

Die Avocado halbieren, den Kern entfernen, das Fruchtfleisch mit einem Löffel herauslösen und mit einer Gabel zerdrücken. Mit dem Quark, dem durchgepressten Knoblauch, Tabasco und Limettensaft mischen. Mit Salz und Pfeffer abschmecken.

Karotten-Meerrettich-Dip

Für ca. 300 g

180 g Karotten
150 g Quark
2 EL Meerrettich aus dem Glas
1 TL Zitronensaft
2 TL Sesamsamen
Salz, Pfeffer aus der Mühle

Die Karotten fein reiben. Quark, Meerrettich, Zitronensaft und Sesam gut daruntermischen. Mit Salz und Pfeffer abschmecken.

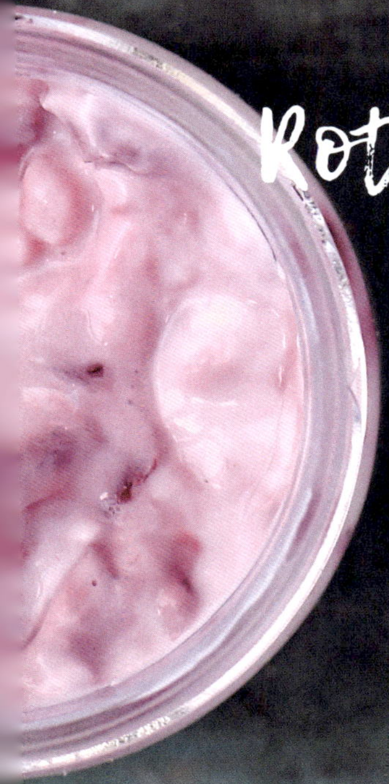

Rote-Bete-Hüttenkäse-Dip

Für ca. 300 g

1 Rote Bete (Rande), gekocht
100 g Quark
100 g Hüttenkäse
Salz, Pfeffer aus der Mühle

Die Rote Bete grob reiben. Mit Quark und Hüttenkäse gut mischen. Mit Salz und Pfeffer abschmecken.

a
short
BREAK
CAN GO A
long way

Rosmarinmandeln

Für 4–5 Portionen

- 1 unbehandelte Zitrone
- 2 EL Rosmarinnadeln
- 1½ EL Zucker
- 2 TL getrockneter Oregano
- 1 TL Salz
- ½ TL Chiliflocken
- 1 Eiweiß
- 300 g geschälte Mandeln
- 70 g Cranberrys

Den Backofen auf 200 Grad vorheizen. Ein Blech mit Backpapier belegen. Die Zitronenschale fein abreiben, den Saft auspressen. Den Rosmarin fein hacken. Die Zitronenschale, 2 Esslöffel Zitronensaft, Rosmarin, Zucker, Oregano, Salz, Chiliflocken und Eiweiß in einer Schüssel verrühren. Die Mandeln beigeben, gut mischen und auf dem Blech verteilen. Im vorgeheizten Ofen etwa 15 Minuten rösten. Nach der Hälfte der Backzeit wenden und fertig backen. Herausnehmen und auskühlen lassen. Die Cranberrys daruntermischen.

Thai-Nüsse

Außer den Nüssen lässt sich hier auch die Currypaste variieren.

Für 4–5 Portionen

1 EL flüssiger Honig
2 EL Rapsöl
1 EL Currypaste
1 TL Fleur de Sel
300 g Macadamianüsse

Den Backofen auf 200 Grad vorheizen. Ein Blech mit Backpapier belegen. Honig, Öl, Currypaste und Salz in einer Schüssel verrühren. Die Macadamianüsse beigeben und gut mischen. Die Nüsse auf dem Blech verteilen und im vorgeheizten Ofen etwa 15 Minuten rösten. Nach der Hälfte der Backzeit wenden und fertig backen. Herausnehmen und auskühlen lassen.

Currynüsse

Für 4–5 Portionen

2 EL Honig
1 EL Rapsöl
2 EL Currypulver
1 EL edelsüßes Paprikapulver
¼ TL Cayennepfeffer
400 g Cashewkerne
Fleur de Sel zum Bestreuen

Den Backofen auf 200 Grad vorheizen. Ein Blech mit Backpapier belegen. Honig, Öl, Curry, Paprika und Cayennepfeffer in einer Schüssel verrühren. Die Cashewkerne beigeben, gut mischen und auf dem Blech verteilen. Im vorgeheizten Ofen etwa 15 Minuten rösten. Nach der Hälfte der Backzeit wenden und fertig backen. Herausnehmen, mit Fleur de Sel bestreuen und auskühlen lassen.

Für alle Nussmischungen lassen sich nach Lust und Laune alle möglichen Nüsse verwenden.

Nussmix-to-go

Für 4–5 Portionen

- 1 unbehandelte Limette, abgeriebene Schale
- 1½ EL Zucker
- 1 TL Salz
- 2 TL mittelscharfes Currypulver
- 1 TL edelsüßes Paprikapulver
- ½ TL Chiliflocken
- ½ TL schwarzer Pfeffer aus der Mühle
- 1 Eiweiß
- 300 g gemischte Nüsse (Cashewkerne, Mandeln, Walnüsse, Pekannüsse)

Den Backofen auf 200 Grad vorheizen. Ein Blech mit Backpapier belegen. Alle Gewürze mit dem Eiweiß in einer Schüssel mischen. Die Nüsse beigeben, gut mischen und auf dem Blech verteilen. Im vorgeheizten Ofen etwa 15 Minuten rösten. Nach der Hälfte der Backzeit wenden und fertig backen. Herausnehmen und auskühlen lassen.

RECYCLINGBOX

Kichererbsen zum Knabbern

Für 4–5 Portionen

1 Dose Kichererbsen (400 g)
2 EL Olivenöl
¾ TL Salz
3–4 TL gemischte Gewürze
(Garam Masala, Curry, Kreuzkümmel)

Den Backofen auf 200 Grad vorheizen. Ein Blech mit Backpapier belegen. Die Kichererbsen abspülen und auf einem Küchentuch trocken tupfen. Olivenöl, Kichererbsen und Salz in einer Schüssel mischen. Auf dem Blech verteilen und im vorgeheizten Ofen 25–30 Minuten rösten. Nach der Hälfte der Backzeit wenden und fertig backen. Herausnehmen und auskühlen lassen. Zum Schluss mit den Gewürzen mischen.

Eine gesunde Chips-Variante, die allen schmeckt.

Gemüsechips

Es eignen sich ganz verschiedene Gemüse für Chips. Unsere Favoriten sind Süßkartoffeln, Rote Bete (Randen) und Zucchini.

Für 4 Portionen

450 g Karotten | 1 TL Salz | 2 EL Sonnenblumenöl | Fleur de Sel | 1 TL getrockneter Thymian

Die Karotten mit einem Gemüsehobel der Länge nach in dünne Streifen hobeln. In einer Schüssel mit dem Sonnenblumenöl vermischen. Mit dem Salz bestreuen und 20 Minuten ziehen lassen.

Den Backofen auf 150 Grad (Umluft) vorheizen. Die Karottenstreifen auf zwei mit Backpapier belegten Blechen verteilen und im vorgeheizten Ofen 40–50 Minuten trocknen lassen. Nach der Hälfte der Zeit wenden. Im ausgeschalteten geöffneten Ofen auskühlen lassen. Mit Fleur de Sel und Thymian bestreuen.

Apfel-Zimt-Chips

Diese Chips lassen sich auch gut aus Birnen machen. Die Chips lassen sich trocken und kühl 3–4 Wochen aufbewahren.

Für 4 Portionen

4 Äpfel | ½ TL gemahlener Zimt

Den Backofen auf 100 Grad vorheizen. Das Kerngehäuse der Äpfel ausstechen und die Äpfel ungeschält in feine Scheiben hobeln. Die Apfelscheiben auf ein mit Backpapier belegtes Blech legen. Mit dem Zimt bestreuen und im vorgeheizten Ofen 1½–2 Stunden trocknen lassen. Nach der Hälfte der Zeit wenden. Im ausgeschalteten geöffneten Ofen auskühlen lassen.

BECHERBOX

Tolle Chipstüten kann man ganz einfach selber machen.

Studentenfutter-Popcorn

Für 2 Portionen

1 EL Rapsöl
90 g Maiskörner für Popcorn
2 EL Butter, flüssig
45 g Schokolade
60 g Cranberrys
75 g gesalzene Erdnüsse
2 EL Ahornsirup

Das Öl und die Maiskörner in einen Topf geben. Zudecken, den Topf erhitzen und, sobald die Körner aufzuplatzen beginnen, gelegentlich schütteln. Den Topf vom Herd nehmen. Die Butter über das Popcorn träufeln. Die Schokolade mit einem Messer in Würfel schneiden. Das Popcorn, die Cranberrys und die Erdnüsse beigeben. Den Ahornsirup darüberträufeln und mischen.

Ich mach' mich dann
mal auf den Weg
zum nächsten Abenteuer.

Claudia

DANKE

Es war vor mehr als zwei Jahren, dass mich der Gedanke packte und nicht mehr losließ, ein Kochbuch zu schreiben. Was für ein Kochbuch es werden sollte, war mir zu diesem Zeitpunkt noch nicht klar – und jetzt sitze ich tatsächlich hier, das (fast) fertige Kochbuch vor mir. Auf dem Weg von damals bis heute haben mich viele wunderbare Menschen unterstützt, denen mein ganzer Dank gebührt.

Das erste große Dankeschön geht an meinen Mann Tommy. Mit ihm habe ich mir den Film »Lunchbox« angesehen – und damit das Thema für mein Kochbuch gefunden. Und er war es auch, der auf jedem Schritt des Weges dabei war, an mich und die Idee geglaubt hat. Danke, dass du dieses Buch mit mir zum Leben erweckt hast. Ich liebe dich!

Danke an meine Töchter, Emma und Emily, die mich tagtäglich zum Kochen inspirieren und mit viel Freude und Spaß jedes Rezept getestet haben. Ginge es nach ihnen, wäre das Buch mindestens doppelt so dick!

Ein herzliches Dankeschön geht an Christiana und meinen Vater, die mich im Alltag mit den Girls unterstützen.

D-A-N-K-E auch an die kreativen Mädels, die meine Begeisterung geteilt und mir eine ordentliche Portion ihrer Zeit geschenkt haben: Nadine und Eve für das wunderschöne Layout, es ist wirklich zum Anbeißen; Eve für die liebevollen Illustrationen, die dem Buch einen unverkennbaren Charme verleihen; und Anne für die richtigen Worte, die mir manchmal fehlen.

Danke, liebe Feride, für deine Unterstützung und die Engelsgeduld mit mir und meinen Rezepten.

Danke, liebe Claudia, für deine Hilfe und dein untrügliches Auge für einmalige People Photography. Du bist die Beste!

Danke Flavia, dass du meine Bilder für den Druck aufbereitet hast und jedes Haar in der Suppe gefunden hast.

Und zu guter Letzt möchte ich Monika Schmidhofer und Urs Hunziker danken, dass sie meinem Buchprojekt eine Chance gaben. Ich habe mich in ihrem Verlag auf Anhieb wohlgefühlt. Und das Resultat übertrifft alle meine Erwartungen, die ich vor zwei Jahren hatte. Ich hoffe, ihre auch.

Ihnen allen und bestimmt noch einigen mehr bin ich von Herzen dankbar.

DIE AUTORIN

Claudia Schilling lebt mit ihrer Familie in Basel und arbeitet als Foodstylistin. Gesunde, abwechslungsreiche Ernährung und Kreativität in der Küche werden bei ihr groß geschrieben. Sie liebt es, immer wieder neue Rezepte auszutüfteln.
Viel Humor, eine Portion Unbekümmertheit und eine Menge Spontaneität beim Kochen hat sie nun mit viel Liebe in ihr erstes Buch gepackt. Tatkräftig unterstützt von ihren beiden Töchtern, der Familie und Freunden.

Mehr von Claudia auf: Foodstyling.ch

REZEPTINDEX

Unter freiem Himmel

Heißes für kalte Tage

Guten Morgen

Auf die Hand

Zum Knabbern

Für den Transport

A – Z

AT Verlag, Aarau und München
Konzept, Fotografie/Foodstyling: Claudia Schilling, www.foodstyling.ch
Fotografie Cover und Seite 6, 16, 24, 59, 172–177, 179, 181, 182, 184, 187–194, 198–201, 208, 218–227
235, 238, 239, 242, 261, 285, 310, 315, 318, 338: Claudia Link, www.claudialink.ch
Grafik: Nadine Gschwend, Eveline Meier
Illustrationen: Eveline Meier, www.ateliers-meier.ch
Texte: Anne Flückiger
Bildbearbeitung: Flavia Schaub, flaviaschaub.ch
Lektorat: Nicola Härms, Rheinbach, und AT Verlag
Druck und Bindearbeiten: Printer Trento, Trento
Printed in Italy

ISBN 978-3-03800-975-7

www.at-verlag.ch

Der AT Verlag, AZ Fachverlage AG, wird vom Bundesamt für Kultur
mit einem Strukturbeitrag für die Jahre 2016–2020 unterstützt.